CAMINO LINGO

A Lightfoot Guide to
ENGLISH - SPANISH
WORDS AND PHRASES
Edition 2

For Pilgrims on el Camino de Santiago

By

**Reinette Nóvoa
and Sylvia Nilsen**

Copyright © 2024 Pilgrimage Publications All rights reserved
ISBN: 978-2-917183-24-3

Special thanks to Sylvia Nilsen who shared her experience of the Camino and the English words and phrases pilgrims would need to know whilst walking in Spain.

And to Sandi Beukes who drew the lovely illustrations and did proof reading and copy editing of this book.

ISBN: 978-2-917183-24-3
First edition, 2012
Second edition 2024

© Reinette Nóvoa 2024
© Spanish text: Reinette Nóvoa
© English text: Sylvia Nilsen
© Sketches: Sandi Beukes 2024
© Front cover image by Jannina Veit Teuten

Published by EURL Pilgrimage Publications
www.pilgrimagepublications.com

In loving memory of my late husband, Xavier Nóvoa García, "un gallego con la gait a en su alma", born and raised in Pontevedra and Villagarcía de Arosa. (18th May 1922 – 5th April 1998)

Also by Lightfoot Guides:
Lightfoot Guide to the via Francigena:
Canterbury to The Great Saint Bernard Pass
The Great Saint Bernard Pass to Saint Peter's
Lightfoot Guide to the via Domitia:
Arles to Vercelli
Lightfoot Companion:
to the via Francigena–Canterbury to The Grand Saint Bernard Pass
to the via Francigena–The Grand Saint Bernard Pass to Saint Peter's Square
to the via Domitia
Lightfoot Guide to the via Podiensis
Lightfoot Guide to the Three Saints Way:
Winchester to Mont St Michel
Mont St Michel to St Jean d'Angely
Lightfoot Guide to Foraging–Wild Foods by the Wayside
A guide to over 130 of the most common edible and medicinal plants in Western Europe
Your Camino
A guide to assist in preparation for a pilgrimage to Santiago de Compostela
Slackpacking the Camino Frances
Taking (some of) the pain out of you pilgrimage to Santiago de Compostela

For all the latest guides visit pilgrimagepublications.com

Contents

INTRODUCTION viii
¡Hola peregrinos! (Hello pilgrims!)   x
The Purpose of this book   xi

Chapter 1
READY TO GO 1
Polite Words   1
Not-so-polite words!   3
Joining or link words   3
Backpack   4
Clothing   5
The Flight   6
Getting to the Start   7
Questions   8

Chapter 2
YOUR ACCOMMODATION 10
Checking in   10
The albergue   11
Kitchen   13
Washing Clothes   14
Asking for things   14

Chapter 3
ON THE CAMINO 16
On the trail   16
Cycling   19
Making Friends   20
Weather   22
Sightseeing   22

Chapter 4
EATING IN SPAIN 25
Meals   25
Where to eat   25
Food allergies/preferences   25
Menus   26
Snacks   28
Starters   29
Mains   29

Vegetables	29
Fruit	30
Dessert	30
Regional	31
Tapas	33
Drinks	33

Chapter 5
IN TOWN

	35
Bank	35
Post Office	35
Shopping	37

Chapter 6

Health and Medical	40
Emergencies	43

Chapter 7
THE ARRIVAL

	45
Santiago	45
Blessings	46
Leaving	47

Appendix 1
BASIC PRONUNCIATION 48
Accents 49
Alphabet 50
Alike-sounding Words 51
Confusing Words 53
Learn More: 53

Appendix 2
MENU AND TAPAS READER 54
Dishes 54
Tapas 60

Appendix 3
CAMINO STATISTICS 62
Where From? 62
How Many Pilgrims? 63

Appendix 4
ENGLISH / SPANISH DICTIONARY 64

Appendix 5
NUMBERS 90

Appendix 6
HOURS, DAYS and MONTHS 92
Time 92
Days of the week 92
Months of the year 93

INTRODUCTION

William: Carole, have you heard about el Camino de Santiago de Compostela?

Carole: No. What is that? It sounds exotic!

William: It's an ancient pilgrimage trail in Spain where you walk each day through stunning countryside with just a backpack on your back. You can sleep in pilgrim shelters and meet lots of other pilgrims from around the world. I want to walk it and I've decided to learn some Spanish as well.

Carole: Where did you hear about it?

William: I watched a movie about the Camino called "The Way" with Martin Sheen. It was a great film and now I can't stop thinking about walking the Camino myself.

Carole: I'd love to do it! Where will you learn Spanish?

William: I found this great little book called CAMINO LINGO written by a Spanish teacher especially for pilgrims on the Camino. We can learn all the polite words first, and a few swear words, then all the words that we might need on the Camino. There are lots of online courses and apps with simple Spanish lessons.

Carole: Is Spanish difficult to learn?

William: No, and there are hundreds of words that are similar to English. Isn't that cool! We could learn about 200 Spanish words in 5 minutes!!

Carole: But don't they pronounce words differently?

William: Yes, but Spanish is a phonetic language, so you read it as it is spelt, pronouncing all the vowels and consonants and breaking each word into the correct syllables. But they will still understand us even if we do pronounce the words differently. We are foreigners after all!

Carole: I'd like to learn Spanish too.

William: Let's learn together, it's always easier to learn with someone - and we can walk the Camino together!

Carole: Great! When can we start?

William: Right away! Let's start by learning Spanish words and phrases from CAMINO LINGO!

¡Hola peregrinos! (Hello pilgrims!)

The phrases in CAMINO LINGO were written by my friend and experienced pilgrim, Sylvia Nilsen, as a guide, to help you "step by step" on your journey. It fits neatly with her other Camino books which you can find at pilgrimagepublications.com . The order of the chapters in CAMINO LINGO, have been chosen to equip you with the necessary words and phrases for each step; from preparing your trip, catching transport, eating, places to stay, making friends and chatting to local people, to arrive finally in Santiago de Compostela in Galicia. All which, hopefully, you can practice aloud at home or whilst walking, cycling or riding on a Camino trail.

This is a GUIDE... NOT a grammar book. Language is essentially communication. This can be confusing and too much to cope with whilst walking or riding your horse or bike.

In CAMINO LINGO, Sylvia's good, clear choice of words and phrases I translated and kept ithe language simple, repetitive, in the present tense and first person i.e. "I". Spanish, easy to pronounce, read and understand. Also I chose, certain words and phrases that can be used over and over again eg **"querer "** = to wish, hope, want, like, love.

I hope this simple structure helps you to relax and enjoy the journey.

Your Spanish hosts will be very pleased at your efforts to speak their language and hopefully this little book might encourage you to learn Spanish more deeply and study Spain's rich history including the 800 Golden Years of Islamic civilization, experienced while the rest of Europe endured the "Dark Ages".

The knowledge gained in this period led to Portugal and Spain (and so Europe) to be able to "discover" the rest of the world and ultimately gave birth to Europe's Age of Enlightenment.

¡Buen camino y saludos!

Reinette

The Purpose of this book

This book is to help you communicate with local people in basic Spanish, using a few essential words and phrases combined with smiles, animated facial expressions, body language and hand-signs as you walk the Camino pilgrimage trails in Spain.

The word "LINGO" is applied worldwide to any foreign or unfamiliar language, dialect or jargon. Although "LINGO" has evolved over the years into many tongues, its roots are in the Latin phrase, Lingua Franca – Romans mocking how the Germanic Franks "destroyed" the Roman "top class" Latin language into a "barbaric mess"- which later became the beautiful French language!!

Spanish, like many languages in England, Europe and elsewhere, has great variations in dialects. The Spanish Castillian, is like "Kings English" or Hochdeutsch (High German) rather than Plattdeutsch (Low German). Despite the different accents, vocabulary, spelling and grammar, it is easily understood amongst related language groups.

Galician spoken in North Eastern Spain is not Celtic, but an old form of Spanish and Portuguese. However, the Galician people and their culture are Celtic...look at their granite cottages nestled in green valleys, their music and bagpipes ("la gaíta") also seen in Scotland and Ireland, their Celtic crosses used by Portuguese explorers in 15th century, the famous "hórreos", the granite storage containers built on granite pillars, to preserve fodder for their animals.

CAMINO LINGO is divided into logical chapters, stages or stepping stones...learning applicable words for each stage in the pilgrims journey .. . before leaving home, packing, flying to Spain, checking into accommodation, eating out, washing clothes, shopping, sightseeing, walking the Camino, making friends and then finally arriving in the Cathedral City of St James, Santiago de Compostela.

Enjoy your journey and the knowledge you will gain.

¡Buen Camino y saludos!

Syl

Pilgrim	**Peregrino**
Saint James	**Sant Iago**
The Way	**El Camino**

Chapter 1

READY TO GO

Polite Words

You should learn most of the polite words and phrases before you go. It makes such a difference to locals when they know that you have made an effort to learn their language.

Hello	¡hola! ¡chau!	aw-la, chow
Good morning	buenos días	bwe-nos dee-as
Good afternoon	buenas tardes	bwe-nas tar-des
Good night	buenas noches	bwe-nas noh-ches
Sir/Mr	señor	seh-nior
Ma'am/Mrs	señora	seh-nioh-ra
Miss	señorita	seh-nioh-ree-ta
You (polite)	usted/ustedes	oo-sted, oo-steh-des
Please	por favor	por fa-vor
Thank you	muchas gracias	mu-chas gra-thee-as
You're welcome	de nada	deh na-da
With pleasure	con placer	con pla-ther
I like....	me gusta	meh goo-sta/stan....
No thank you	no gracias	noh gra-thee-as
Excuse me	¡perdón!	per-don
I am sorry	lo siento	loh see-en-toh
May I?	¿puedo?	pwe-doh

Could you?	¿puede?	*pwe-deh*
That's right	sí, ésto es	*see, eh-stoh es*
OK, fine	vale	*va-leh*
Cheers!	¡salud!	*sa-lood*
Good bye	¡adios! ¡chau!	*ah-dee-os, chow*
Careful!	¡cuidado!	*kwee-da-doh*
Beware!	¡ojo!	*oh-khoh*

Ojo means 'eye' – and as a warning to be careful, people often just point to their eye without saying a word

Reinette says:
Spanish people often say goodbye using the word **hasta** (*as-ta*) until….
Hasta mañana (tomorrow)
Hasta luego (later)
Hasta pronto (soon)
Hasta martes (Tuesday)
Hasta la vista (baby!!)
(till I see you again, baby!)

Not-so-polite words!

Go away!	¡Fuera!	fweh-ra
Bugger off.... get lost	¡Lárgate!	lar-ga-teh
Leave me alone!	¡Déjeme en paz!	deh-khe-meh en path
Damn it	¡Maldita sea!	mal-dee-ta seh-a
Bloody hell	¡Coño!	coh-nioh
Bastard	¡Puto!	poo-toh
Oh shit!	¡Mierda!	mee-er-da
Oh F#@*!	¡Joder!	khoh-der

Joining or link words

and	**y**	ee
also	**también**	tam-bee-en
but	**pero**	peh-roh
for	**por / para**	por / pa-ra
however	**sin embargo**	seen em-bar-goh
like	**como**	coh-moh
or	**o**	aw
perhaps	**quizás**	kee-thas
sometimes	**a veces**	ah veh-thes
then	**entonces**	en-ton-thes
then/after	**después**	des-pwes
therefore	**por eso**	por eh-soh
until	**hasta**	ah-sta

Backpack

English	Spanish	Pronunciation
luggage	**el equipaje**	*eh-kee-pa-kheh*
suitcase	**la maleta**	*ma-leh-ta*
backpack	**la mochila**	*moh-chee-la*
packet	**el paquete**	*pa-keh-teh*
bag (hand)	**la bolsa**	*bol-sa deh ma-noh*
sleeping bag	**la bolsa de dormir**	*bol-sa deh dor-meer*
tooth paste	**la pasta de dientes**	*pa-sta deh dee-en-tes*
tooth brush	**el cepillo de dientes**	*theh-pee-yo deh dee-en-tes*
soap	**el jabón**	*kha-bon*
towel	**una toalla**	*toh-a-ya*
facecloth	**la toallita**	*(small) toh-a-yee-ta*
shampoo	**el champú**	*cham-pu*
deodorant	**el desodorante**	*des-oh-doh-ran-teh*
sunscreen	**el protector solar**	*proh-tec-tor soh-lar*
medicine	**la medicina**	*meh-dee-thee-na*
torch	**la linterna**	*leen-ter-na*
book	**el libro**	*lee-broh*
dictionary	**el diccionario**	*deec-thee-oh-na-ree-oh*
guide book	**la guía**	*gee-a*
shell	**la concha**	*con-cha*
credential	**la credencial**	*creh-den-thee-al*
walking pole	**el bastón**	*bas-ton*
wallet/purse	**el monedero**	*moh-neh-deh-roh*

wallet	**el billetero**	*bee-yeh-teh-roh*
passport	**el pasaporte**	*pa-sa-por-teh*
visa	**la visa**	*vee-sa*
vaccination	**la vacunación**	*va-coo-na-thee-on*
flight ticket	**el billete de vuelo**	*bee-yeh-teh deh vwe-loh*
return ticket	**de ida y vuelta**	*deh ee-da ee vwel-ta*
camera	**la máquina de fotos**	*mah-kee-na deh foh-tos*
cellphone	**el móvil / celular**	*moh-veel / theh-lu-lar*
credit card	**la tarjeta de crédito**	*tar-kheh-ta deh cre-dee-toh*
laptop	**el computador portátil**	*com-pu-ta-dor por-ta- teel*

Clothing

t-shirt	**la camiseta**	*ca-mee-seh-ta*
shirt	**la camisa**	*ca-mee-sa*
trousers	**el pantalón**	*pan-ta-lon*
short/long	**corto / largo**	*cor-toh / lar-goh*
belt	**el cinturón**	*theen-too-ron*
sweater	**el suéter**	*sweh-ter*
coat/jacket	**la chaqueta**	*cha-keh-ta*
poncho	**el poncho**	*pon-choh*
gloves	**los guantes**	*gwan-tes*
scarf	**la bufanda**	*boo-fahn-da*
hat	**el sombrero**	*som-breh-roh*
cap	**la gorra**	*gor-ra*
bra	**el sostén**	*sos-ten*
panties	**las bragas**	*bra-gas*
underpants	**los calzoncillos**	*cal-thon-thee-yos*
socks	**los calcetines**	*cal-theh-tee-nes*
stockings	**las medias**	*meh-dee-as*
boots	**las botas**	*boh-tas*
sandals	**las sandalias**	*san-da-lee-as*

shoes	**los zapatos**	*tha-pa-tos*
raincoat	**el impermeable**	*eem-per-meh-ah-bleh*
slops /flip-flops	**las chancletas**	*chan-cleh-tas*
swimsuit	**el traje de baño**	*tra-kheh deh ba-nioh*

The Flight

Bon voyage	**Buen viaje**	*bwen vee-a-kheh*
I'm flying to …	**Voy a volar a…**	*voy ah voh-lar ah….*
flight number	**número de vuelo**	*nooh-meh-roh deh vweh-loh*
My flight leaves at..	**Mi vuelo sale a las …**	*mee vweh-loh sa-leh ah las….*
Which terminal?	**¿Qué terminal?**	*keh ter-mee-nal*

aeroplane	**el avión**	*ah-vee-on*
airport	**el aeropuerto**	*ah-eh-roh-pwer-toh*
waiting room	**la sala de espera**	*sa-la deh es-peh-ra*
departure	**la salida**	*sa-lee-da*
arrival	**la llegada**	*yeh-ga-da*
customs	**la aduana**	*ah-doo-ah-na*
lift	**el ascensor**	*as-then-sor*
station	**la estación**	*eh-sta-thee-on*

terminal	**el terminal**	*ter-mee-nal*
escalator	**la escalera mecánica**	*es-ca-leh-ra meh-ca-nee-ca*

Arrival	**Llegada**
Departure	**Salida**
To the platforms	**A los andenes**

day	**el día**	*dee-a*
week	**la semana**	*seh-ma-na*
month	**un mes**	*mes*
today	**hoy**	*oy*
yesterday	**ayer**	*ah-yer*
tomorrow	**mañana**	*ma-nia-na*
last week	**la semana pasada**	*seh-ma-na pa-sa-da*
at night	**por la noche**	*por la noh-cheh*
the morning	**la mañana**	*ma-nia-na*
this afternoon	**esta tarde**	*eh-sta tar-dteh*

Getting to the Start

A SIM please	**una SIM por favor**	*oo-na seem por-fa-vor*
Where is....?	**¿dónde está?**	*don-deh eh-sta...*
Where is the information counter?	**¿Dónde está la ventanilla de información?**	*don-deh eh-sta la ven-ta-nee-ya deh een-for-ma-thee-on*
Where is the toilet?	**¿Dónde está el servicio?**	*don-deh eh-sta el ther-vee-thee-ov*
Where is the train station?	**¿Dónde está la estación del tren?**	*don-deh eh-sta la eh-sta-thee-on del tren*
Where is the underground/metro?	**¿Dónde está el metro?**	*don-deh eh-sta el meh-troh*

The bus to Pamplona?	¿El autobús a Pamplona?	au-toh-boos a pam-ploh-na
Where do I buy the ticket?	¿Dónde puedo comprar un billete?	don-deh pweh-doh comprar oon bee-yeh-teh

Questions

Roncesvalles, please?	¿Roncesvalles por favor?	Ron-thes-vay-es por-fa-vor
I need a taxi	necesito un taxi	neh-theh-see-toh oon tak-see
Can you wait for me?	¿puede esperarme?	pwe-deh es-peh-rar-meh
Where to?	¿A dónde?	ah don-deh
I wish to go to….	Quiero ir a…	kee-eh-roh eer ah..
What time is it?	¿qué hora es?	keh oh-ra es
I'm in a hurry	tengo prisa	ten-goh pree-sa
Where are we?	¿dónde estamos?	don-deh eh-sta-mos
Backpack transfers	transporte de mochilas	tran-spor-teh deh moh-chee-las
Do you speak English?	¿Habla usted ingles?	ah-bla oo-sted een-gles

In Spanish the word ¿**Hay?** (pronounced like the 'aye' in 'aye aye captain') can be used to ask for almost everything

Is/ are there?	¿**hay....?**	*aye*
Do you have?	¿**hay....?**	*aye*
Will there be...?	¿**hay....?**	*aye*

So, if you want the Internet, or to use Wifi, or the telephone you can ask:

¿**Hay Internet /Wifi /teléfono?** *aye Internet / wee-fee / te-le-fo-no*

You can ask a question in Spanish just by raising the pitch of your voice at the end.

You are going?	¿**va?**	*vah*
You are going? (plural)	¿**van?**	*vahn*

Chapter 2

YOUR ACCOMMODATION

Checking in

hotel	**el hotel**	*oh-tel*
pension	**la pensión**	*pen-see-on*
hostal	**el hostal**	*oh-stal*
rural house	**la casa rural**	*ca-sa ru-ral*
rooms	**las habitaciones**	*ah-bee-ta-thee-on-es*
camping	**el camping**	*cam-peen*
I have a reservation	**tengo una reservación**	*ten-goh oo-na reh-ser-va-thee-on*
from…to…	**desde…a…**	*des-deh .. ah…*
the date	**la fecha**	*feh-cha*
Do you have a…?	**¿hay…?**	*aye*
a single room	**una habitación individual**	*ah-bee-ta-thee-on een-dee-vee-doo-al*
a double room	**una habitación matrimonial**	*ah-bee-ta-thee-on mah-tree-moh-nee-al*
a twin-bed room with twin, triple, quad beds	**una habitación con dos, tres, cuatro, camas**	*ah-bee-ta-thee-on con dos, tres, kwat-roh, ca-mas*
With ….	**con ….**	*con ….*

en suite bathroom	**baño entegrado**	*bah-nioh in-teh-gra-doh*
a shower	**una ducha**	*du-cha*
a shared bathroom	**baño compartido**	*bah-nioh com-par-tee-doh*
One/two.. nights	**una noche… dos noches**	*oo-na noh-cheh.. dos noh-ches*
How much is it?	**¿cuánto es?**	*kwan-toh es*
Check-out time?	**¿la hora de salida?**	*oh-ra deh sa-lee-da*
Please write it down	**escríbalo por favor**	*es-cree-ba-lo por favor*
Can I pay by credit card?	**¿Puedo pagar con tarjeta de crédito?**	*Pweh-doh pa-gar con tar-kheh-ta deh creh-dee-toh*

The albergue

When you arrive at the **albergue** you might have to queue to get a bed. If it is full, you will see this sign:

The '**hospitalero**' (*os-pee-ta-leh-roh*) will want to see your passport and your '**credencial**'(*creh-den-thee-al*) – pilgrim passport – and will ask you a few questions before stamping your **credencial**.

Sit down	**siéntense**	*see-en-ten-seh*
Water?	**¿quiere agua?**	*kee-eh-reh a-gwa*
How are you?	**¿cómo está?**	*coh-moh eh-sta*
pilgrim passport	**la credencial**	*creh-den-thee-al*

age	**la edad**	*eh-dad*
country	**el país**	*pa-ees*
name	**el nombre**	*nom-breh*
surname	**el apellido**	*ah-peh-yee-doh*
today	**hoy**	*oy*
yesterday	**ayer**	*ah-yer*
profession	**la profesión**	*proh-feh-see-on*
starting date	**la fecha de partida**	*feh-cha deh par-tee-da*
Where did you start?	**¿dónde empezó?**	*don-deh em-peh-thoh*
Are you walking or cycling?	**¿A pie o con bicicleta?**	*ah pe-ye oh bee-thee-cle-ta*

Then they will show you around the **albergue** or direct you to the various rooms and dormitories.

dormitory	**el dormitorio**	*dor-mee-toh-ree-oh*
room	**el cuarto**	*kwar-toh*
bunk beds	**las literas**	*lee-teh-ras*
bedside table	**mesa de noche**	*meh-sa deh noh-cheh*
window	**la ventana**	*ven-ta-na*
blanket	**la manta**	*man-ta*
pillow	**la almohada**	*al-moh-ah-da*
bathroom	**el baño**	*bah-nioh*
shower	**la ducha**	*du-cha*
toilet	**los aseos**	*ah-seh-os*
ladies	**las señoras**	*seh-nio-ras*
gents	**los caballeros**	*ca-ba-yeh-ros*
kitchen	**la cocina**	*coh-thee-na*
living room	**la sala**	*sa-la*
dining room	**el comedor**	*coh-meh-dor*
donation box	**el donativo**	*doh-na-tee-voh*

bed-bugs	los chinches	cheen-ches
toilet paper	el papel higiénico	pa-pel ee-khee-eh-nee-coh
opening time	la hora de apertura	oh-ra deh ah-per-tu-ra
closing time	la hora de cierre	oh-ra deh cee-er-reh

Kitchen

fridge	la nevera	neh-veh-ra
stove	la cocina	coh-thee-na
matches	las cerillas	theh-ree-yas
gas	el gas	gas
pots /pans	los cacharros	ca-char-ros
plates	los platos	pla-tos
cutlery	los cubiertos	coo-bee-er-tos
knife	el cuchillo	coo-chee-yoh
fork	el tenedor	teh-neh-dor
spoon	la cuchara	coo-cha-ra
spoon (small)	la cucharita	coo-cha-ree-ta
can opener	el abrelatas	ah-breh-la-tas
tablecloth	el mantel	man-tel
serviette	la servilleta	ser-vee-yeh-ta
table	la mesa	me-sa
chairs	las sillas	see-yas
rubbish bin	el cubo de la basura	coo-boh deh ba-su-ra

Washing Clothes

clothes line	**el tendedero**	*ten-deh-deh-roh*
hot/cold water	**agua caliente/f fría**	*a-gwa ca-lee-en-teh/free-ah*
laundry	**la lavandería**	*la-van-deh-ree-a*
washing machine	**la lavadora**	*la-va-doh-ra*
dryer	**la secadora**	*seh-ca-doh-ra*
soap	**el jabón**	*kha-bon*
bucket	**un balde**	*bal-deh*
basin	**un lavabo**	*la-va-boh*
wet	**húmedo**	*oo-meh-doh*
dry (to)	**secar**	*seh-cahr*

Asking for things

Help me please	**ayúdame por favor**	*a-yoo-da-meh por fa-vor*
I am a pilgrim	**Soy peregrino/a**	*soy peh-reh-gree-noh/a*

I am from … (UK, USA, South Africa)	**Yo soy de ….**	*yoh soy deh…*
I only speak a little Spanish	**Yo hablo sólo un poco de español**	*yoh ab-loh soh-loh oon poh-coh deh eh-spa-niol*
I would like …	**quiero...**	*kee-ero*
How do you say … in Spanish?	**¿Cómo se dice ...en español?**	*coh-moh seh dee-theh…. en es-pa-niol*
Please speak more slowly	**Por favor, hable más despacio**	*por fa-vor, ah-bleh mas des-pa-thee-oh*
I do not understand	**no lo entiendo**	*noh loh en-tee-en-doh*
Please write it down	**por favor, escríbalo**	*por fa-vor eh-scree-ba-loh*

Reinette says:
If you don't have sufficient words to ask for something - smile, make a questioning face and use hand signals. You can also show Spanish people the words and phrases in this book.

The time?	**¿la hora?**	(tap your wrist)
Coca Cola?	**¿Coca Cola?**	(make a drinking action)
The bus?	**¿el autobus?.**	(frown and show open palms)
Blisters!	**¡las ampollas!**	(point to your blisters!)

Chapter 3

ON THE CAMINO

On the trail

yellow arrows	**las flechas amarillas**	*fleh-chas ah-ma-ree-yas*
How many km to..?	**¿Cuántos kilómetros a ..?**	*kwan-tos kee-loh-meh-tros ah…*
Good walk!	**¡Buen camino!**	*bwen ca-mee-noh*
Good luck!	**¡Buena suerte!**	*swer-teh*
left	**a la izquierda**	*a la eeth-kee-er-da*
right	**a la derecha**	*a la deh-reh-cha*
straight on	**adelante todo derecho**	*ah-deh-lan-te toh-doh deh-reh-choh*
first	**a la primera**	*pree-meh-ra*
second	**a la segunda**	*se-goon-da*
third	**a la tercera**	*ter-theh-ra*

| drinking font | **la fuente de agua potable** | *fwen-teh deh ah-gwa poh-ta-bleh* |

Agua potable	Drinking water
Agua no Potable	Water Not drinkable
Camino Particular	Private Road
Coto Privado de Caza	Private Hunting Area
Cuidado con el perro	Beware of the dog
Prohibido el paso	No entry
Propiedad privada	Private Property

highway	**la carretera**	*cahr-reh-teh-ra*
main road	**la calle principal**	*ca-yeh preen-thee-pal*
path	**el camino**	*ca-mee-noh*
roundabout	**la rotunda**	*roh-toon-da*
street	**la calle**	*ca-yeh*
town/city	**la ciudad**	*thee-u-dad*
village	**el pueblo**	*pweh-bloh*
building	**el edificio**	*eh-dee-fee-thee-oh*
bridge	**el puente**	*pwen-teh*
ancient	**antiguo**	*an-ti-guo*
house	**la casa**	*la ca-sa*
walls (outside)	**las murallas**	*moo-ra-yas*
farms	**las granjas**	*gran-khas*
fields	**los campos**	*cam-pos*
flowers	**las flores**	*flor-es*
hills	**las colinas**	*coh-lee-nas*
mountain	**la montaña**	*mon-ta-nia*
mud	**el barro**	*bar-roh*
muddy	**fangoso**	*fan-goh-soh*
river	**el río**	*el ree-oh*
rocky	**rocoso**	*roh-coh-soh*

stones	**las piedras**	*pee-eh-dras*
trees	**los árboles**	*ar-boh-les*
very steep	**muy escarpado**	*mwee es-cahr-pa-doh*
vineyards	**los viñedos**	*vee-nieh-dos*
wheat fields	**los campos de trigo**	*cam-pos deh tree-goh*
bird nest	**el nido de pájaro**	*nee-doh deh pa-kha-roh*
birds	**los pájaros**	*pa-kha-ros*
cats	**los gatos**	*ga-tos*
cows	**las vacas**	*va-cas*
dog	**el perro**	*per-roh*
horses	**los caballos**	*ca-ba-yos*
storks	**las cigüeñas**	*thee-gweh-nias*
horrible	**horrible**	*or-ree-bleh*
ugly	**feo**	*feh-oh*
nice	**bonito**	*boh-nee-toh*
spiritual	**espiritual**	*es-pee-ree-too-al*
very beautiful	**muy bello**	*mwee beh-yoh*
wonderful	**maravilloso**	*ma-ra-vee-yoh-soh*
early	**temprano**	*tem-pra-noh*
late	**tarde**	*tar-deh*
afternoon	**la tarde**	*tar-deh*
morning	**la mañana**	*ma-nia-na*
night	**la noche**	*noh-cheh*
tomorrow morning	**mañana por la mañana**	
tomorrow night	**mañana por la noche**	

Cycling

workshop	**el taller**	*ta-yer*
Do you repair bicycles?	**¿Reparan bicicletas aqui?**	*re-pa-ran bee-thee-cleh-tas a-kee*
axle	**el eje**	*eh-kheh*
bike rack	**la rejilla**	*reh-khee-ya*
brakes	**los frenos**	*freh-nos*
chain	**la cadena**	*ca-deh-na*
cycle shoes	**el calzado ciclismo**	*cal-tha-doh thee-clees-moh*
downhill	**la bajada**	*ba-kha-da*
frame	**el cuadro**	*kwa-droh*
front /rear	**delante / posterior**	*deh-lan-teh / pos-teh-ree-or*
gears	**el cambio**	*cam-bee-oh*
grease	**la grasa**	*gra-sa*
handlebar	**el manillar**	*ma-nee-yar*
helmet	**el casco**	*cas-coh*
inner tube	**la cámara de aire**	*ca-ma-ra deh ah-ee-reh*
lever	**la palanca**	*pa-lan-ca*
lights	**las luces**	*loo-thes*
lock	**el candado**	*can-da-doh*
oil	**el aceite**	*ah-theh-ee-teh*

panniers/rack	**el maletero**	*ma-leh-teh-roh*
pedals	**los pedales**	*peh-da-les*
pump	**la bomba**	*bom-ba*
rim	**el aro**	*ah-roh*
saddle	**el sillín**	*see-yeen*
screw	**el tornillo**	*tor-nee-yoh*
shocks	**la amortiguación**	*ah-mor-tee-gwa-thee-on*
spanner	**la llave inglesa**	*ya-veh een-gleh-sa*
spokes	**los radios**	*ra-dee-os*
suspension	**la suspensión**	*soos-pen-see-on*
tyre	**el neumático**	*nee-u-ma-tee-coh*
flat tyre	**el neumático pinchado**	*nee-u-ma-tee-coh peen-cha-doh*
uphill	**la subida**	*soo-bee-da*
water bottle	**el bidón**	*bee-don*
wheels	**las ruedas**	*rweh-dos*

Making Friends

My name is….	**Mi nombre es…**	*mee nom-breh es*
I am…..	**Yo soy ….**	*yoh soy…..*
What is your name?	**¿Cómo se llama?**	*coh-moh seh ya-ma*

English	Spanish	Pronunciation
Do you speak English?	¿Habla inglés?	ah-blah een-gles
I speak very little Spanish	Yo hablo muy poco de español	yoh ah-bloh mwee poh-coh deh es-pa-niol
I started in …	Yo empecé a caminar en…	yoh em-peh-theh a ca-mee-nar en…
Today I am walking to..	Hoy estoy caminando hacia..	oy eh-stoy ca-mee-nan-doh a-thee-ah….
I am alone	estoy solo	eh-stoy soh-loh
I am with ….	estoy con …	eh-stoy con
a friend	amigo	a-mee-goh
friends	amigos	a-mee-gos
my wife	mi esposa	mee es-poh-sa
my husband	mi esposo	mee es-poh-soh
my sister	mi hermana	mee er-ma-na
my brother	mi hermano	mee er-ma-noh
my son	mi hijo	mee ee-khoh
my daughter	mi hija	mee ee-kha
boy	el chico	chee-coh
girl	la chica	chee-ca
a group	un grupo	oon groo-poh
What's wrong?	¿Qué le pasa?	keh leh pa-sa
I'm exhausted	estoy agotado	eh-stoy ah-goh-ta-doh
I am lost	estoy perdido	eh-stoy per-dee-doh
I am tired	estoy cansado	eh-stoy can-sa-doh
I am happy	estoy feliz	eh-stoy feh-leeth
I am hungry	tengo hambre	ten-goh am-breh
I am thirsty	tengo sed	ten-goh sed
My feet hurt	mis pies duelen	mees pee-es dweh-len
My pack is heavy	mi mochila pesa	mee moh-chee-la peh-sa
I need to rest	necesito descansar	neh-theh-see-toh des-can-sar

Weather

cold	**hace frío**	*ah-theh free-oh*
hot	**hace calor**	*ah-theh ca-lor*
sunny	**hace sol**	*ah-theh sol*
beautiful day	**hermoso día**	*er-moh-soh dee-a*
bad weather	**tiempo malo**	*tee-em-poh ma-loh*
lightning	**el relámpago**	*reh-lam-pa-goh*
storm	**la tormenta**	*tor-men-ta*
cloudy	**está nublado**	*eh-sta noo-bla-doh*
misty	**está brumoso**	*eh-sta broo-moh-soh*
snowing	**está nevando**	*eh-sta neh-van-doh*
raining	**está lloviendo**	*eh-sta yoh-vee-en-doh*
spring	**la primavera**	*pree-ma-veh-ra*
summer	**el verano**	*veh-ra-noh*
autumn	**el otoño**	*oh-to-nioh*
winter	**el invierno**	*een-vee-er-noh*

Sightseeing

English	Spanish	Pronunciation
Tourist office	la oficina de turismo	oh-fee-thee-na deh too-rees-moh
City centre	el centro de la ciudad	then-troh deh la thee-u-dad
Town hall	el ayuntamiento	ah-yoon-ta-mee-en-toh
abbey	la abadía	a-ba-dee-a
art gallery	la galería de arte	ga-la-ree-a deh ar-teh
bullring	la plaza de toros	pla-tha deh toh-ros
castle	el castillo	cas-tee-yoh
cathedral	la catedral	ca-teh-dral
church	la iglesia	ee-gleh-see-a
cinema	el cine	thee-neh
convent	el convento	con-ven-toh
entrance	la entrada	en-tra-da
exit	la salida	sa-lee-da
monastery	el monasterio	moh-na-steh-ree-oh
monuments	los monumentos	moh-noo-men-tos
mosque	la mezquita	meth-kee-ta
park	el parque	par-keh
ruins	las ruinas	roo-ee-nas
square	la plaza	pla-tha
statue	la estatua	eh-sta-too-a
swimming pool	la piscina	pees-thee-na
theatre	el teatro	teh-a-troh
tomb	la tumba	toom-ba

PROHIBIDO TOMAR FOTOGRAFIAS
DO NOT TAKE PHOTOGRAPHS

PROHIBIDO FUMAR
NO SMOKING

Can I walk there?	**¿Puedo caminar allí?**	*pweh-doh ca-mee-nar a-yee*
Is it far?	**¿Está lejos?**	*es-ta leh-khos*
Closed	**está cerrado**	*es-ta ther-ra-doh*
Open	**está abierto**	*es-ta ah-bee-er-toh*

Chapter 4

EATING IN SPAIN

Meals

something to eat	**algo de comer**	*al-go deh coh-mer*
something to drink	**algo de beber**	*al-go deh beh-ber*
breakfast	**el desayuno**	*des-ah-yoo-noh*
lunch	**el almuerzo**	*al-mwer-thoh*
dinner	**la cena**	*theh-na*
mid-meal snack	**la merienda**	*meh-ree-en-da*

Where to eat

tavern	**la taberna**	*ta-ber-na*
cafeteria	**la cafetería**	*ca-feh-teh-ree-a*
café bar	**el café-bar**	*ca-feh-bar*
restaurant	**el restaurante**	*res-tau-ran-teh*

Food allergies/preferences

What is this?	**¿Que es eso?**	*keh es eh-soh*

I'm a vegetarian	**soy vegetariano**	*veh-kheh-tah-ree-a-noh*
I'm allergic to ..	**soy alérgico/a a….**	*soy ah-ler-khee-coh ah*
dairy products	**los productos lácteos**	*proh-duc-tos lac-teh-os*
fish	**los pescados**	*pes-ca-dos*
honey	**la miel**	*mee-el*
mushrooms	**las setas**	*seh-tas*
peanuts	**los maní**	*ma-nee*
preservatives	**los conservantes**	*con-ser-van-tes*
seafood	**los mariscos**	*ma-rees-cos*
wheat	**el trigo**	*tree-goh*
I am Jewish	**soy judío/a**	*soy khoo-dee-oh/a*
I am Muslim	**soy musulmán/a**	*soy moo-sal-mahn/aa*

Menus

Pilgrim Menu (**Menú de Peregrinos**): Many small café-bars and restaurants provide special menus for pilgrims, usually three courses with bread, wine and water. In most towns and villages they all offer the same items on the menu. If you grow tired of eating the same pilgrim meals try:-

Menu of the Day	**Menú del Dia**	*meh-nu del dee-a*
Menu of the House	**Menú de la Casa**	*meh-nu deh la ca-sa*
A table for two please	**Una mesa para dos, por favor**	*oo-na me-sa pa-ra dos por fa-vor*

Waiter	**el camarero**	*ca-ma-reh-roh*
Menu please	**la carta por favor**	*kar-ta por fa-vor*
Wine list	**la carta de vinos**	*kar-ta deh vee-nos*
Mixed plate	**el plato combinado**	*pla-to com-bee-na-doh*
Thank you	**muchas gracias**	*moo-chas gra-thee-as*
I will have….	**para mí…..**	*pa-ra mee*

MENÚ DE PEREGRINOS

€12

Primero

Caldo Gallego

Ensalada Mixta

Segundo

Asado de pollo

Asado de cordero

Fritura de Pescado

Postre

Agua, vino y pan

Primero	*pree-meh-roh*	Starter
Caldo Gallego	*cal-doh ga-yeh-goh*	White bean soup
Ensalada Mixta	*en-sa-la-da meex-ta*	Mixed salad
Segundo	*seh-gun-doh*	Main course

Asado de pollo	*ah-sa-doh deh poh-yoh*	Roast chicken
Asado de cordero	*ah-sa-doh deh cor-deh-roh*	Roast lamb
Fritura de Pescado	*free-too-ra deh pes-ca-doh*	Fried fish
Postre	*pos-treh*	Dessert
Agua, vino y pan	*ah-gwa, vee-noh ee pan*	Water, wine and bread
¡Buen provecho!	*bwen proh-veh-choh*	Bon appetit!

See the full Menu Reader in Appendix 2.

I would like....	**por favor, quiero...**	*por fa-vor kee-eh-roh*
a little more	**un poco más**	*poh-coh mas*
butter	**la mantequilla**	*mahn-teh-kee-ya*
mustard	**la mostaza**	*mos-ta-tha*
oil	**el aceite**	*ah-theh-ee-teh*
pepper	**la pimienta**	*pee-mee-en-ta*
salt	**la sal**	*sal*
tomato sauce	**el ketchup**	*ket-chup*
vinegar	**el vinagre**	*vee-na-greh*
This is delicious!	**¡esto es muy rico!**	*es-toh es mwee ree-coh*
How much is it?	**¿cuánto es?**	*kwan-toh es*
The bill please	**la cuenta por favor**	*kwen-ta por-fa-vor*

Snacks

chips or fries	**las patatas fritas**	*pa-ta-tas free-tas*
olives	**las aceitunas**	*a-theh-ee-tu-nas*
omelette	**la tortilla**	*tor-tee-ya*
sandwich	**el bocadillo**	*boh-ca-dee-yoh*

| toast | **las tostadas** | *tos-ta-das* |

Starters

soup	**la sopa**	*soh-pa*
green salad	**la ensalada verde**	*en-sa-la-da ver-deh*
mixed salad	**la ensalada mixta**	*en-sa-la-da meex-ta*

Mains

beef steak	**el bistec**	*bees-tek*
meat	**la carne**	*cahr-neh*
chicken	**el pollo**	*poh-yoh*
ham	**el jamón**	*kha-mon*
pork	**el cerdo**	*ther-doh*
sausage	**la salchicha**	*sal-chee-cha*
fish	**el pescado**	*pes-ca-doh*
cod	**el bacalao**	*ba-ca-la-oh*
hake	**la merluza**	*mer-loo-tha*
trout	**la trucha**	*tru-cha*
sea food	**los mariscos**	*ma-rees-cos*
octopus	**el pulpo**	*pul-poh*
prawns	**las gambas**	*gam-bas*

Vegetables

| carrots | **las zanahorias** | *tha-na-oh-ree-as* |
| cucumber | **el pepino** | *peh-pee-noh* |

garlic	**el ajo**	*ah-khoh*
lettuce	**la lechuga**	*leh-chu-ga*
mushrooms	**las setas**	*seh-tas*
onions	**las cebollas**	*the-boh-yas*
peas	**los guisantes**	*gee-san-tes*
peppers	**los pimientos**	*pee-mee-en-tos*
potatoes	**las patatas**	*pa-ta-tas*
tomatoes	**los tomates**	*toh-ma-tes*

Fruit

apple	**la manzana**	*mahn-tha-na*
banana	**el plátano**	*pla-ta-noh*
cherries	**las cerezas**	*theh-reh-thas*
fig	**los higos**	*ee-gos*
grapes	**las uvas**	*oo-vas*
lemon	**el limón**	*lee-mon*
melon	**el melón**	*meh-lon*
orange	**la naranja**	*na-ran-kha*
peach	**el melocotón**	*meh-loh-koh-ton*
pear	**la pera**	*peh-ra*
pineapple	**la piña**	*pee-nia*
quince	**el membrillo**	*mem-bree-yoh*
raspberries	**las frambuesas**	*fram-bweh-sas*
strawberries	**las fresas**	*freh-sas*

Dessert

Santiago almond tart	**la tarta de Santiago**	*tarta deh sant-ee-ah-goh*

cream served with honey	**la cuajada**	*kwa-kha-da*
Crème caramel	**el flan**	*flan*
ice cream	**el helado**	*eh-la-doh*
rice pudding	**el arroz con leche**	*ar-roth con leh-cheh*
almond nougat	**turrón**	*to-ron*
Fried finger pastry served with a thick hot chocolate	**los churros con chocolate**	*choo-ros con choh-coh-la-teh*

Regional

Navarra

Famous for its fresh vegetables

Pork sausage (spicey)	**el chorizo**	*choh-ree-thoh*
Lamb	**el cordero**	*cor-deh-roh*
Omelette	**la tortilla**	*tor-tee-ya*

La Rioja

Famous for its wines

Potatoes with sausage	**las patatas con chorizo**	*pa-ta-tas con choh-ree-thoh*
Veggie stew	**la menestra de verduras**	*meh-ne-stra deh ver-du-ras*
Trout with ham	**la trucha con jamón**	*tru-cha con kha-mon*

Castilla y León

Stews made with meat and chickpeas

Garlic Soup	**la sopa de ajo**	*soh-pa deh ah-khoh*
Roast Lamb	**el cordero asado**	*cor-deh-roh ah-sa-doh*
Roast suckling pig	**el cochinillo asado**	*coh-chee-nee-yoh a-sa-do*
Cod fish cooked with garlic and eggs	**el bacalao al ajoarriero**	*ba-ca-la-oh ah-khoh-ar-ree-eh-roh*

Galicia

Known as the seafood capital of Spain!

Scallops 'Coquilles St Jacques'	**la vieira**	*vee-eh-ee-ra*
seafood	**los mariscos**	*ma-rees-cos*
octopus	**el pulpo**	*pul-poh*
meat/fish pie	**la empanada**	*em-pa-na-da*
fried, green peppers	**los pimientos de Padrón**	*pee-mee-en-tos deh pa-dron*
Santiago almond tart	**la tarta de Santiago**	*tar-ta deh sant-ee-ah-goh*

Tapas

Most Spanish bars serve a variety of hot and cold appetizers called **tapas** or **pinchos**. Some favourites are:

Cold **tapas** made from olives, baby onions and chillies pickled in vinegar and skewered together	**banderillas / pinchos de encurtidos**	*ban-deh-ree-yas / peen-chos deh en-coor-tee-dos*
Diced fried potato served with **salsa brava**, a spicy tomato sauce (**aioli** is often served with it too	**patatas bravas**	*pa-ta-tas bra-vas*
Large or small turnover pastries filled with meat, fish, seafood, and or vegetables	**empanadas / empanadillas**	*em-pa-na-das / em-pa-na-dee-yas*

See Appendix 2 for a list of typical Spanish **tapas**

Drinks

beer	**la cerveza**	*ther-veh-tha*
wine - red	**el vino tinto**	*vee-noh teen-toh*
wine - white	**el vino blanco**	*vee-noh blan-coh*
mineral water	**agua mineral**	*ah-gwa mee-neh-ral*
with/out gas	**con o sin gas**	*con aw seen gas*
fruit juice	**zumo de fruta**	*thoo-moh deh froo-tah*
tea	**el té**	*teh*
hot chocolate	**"Cola Cao"**	*coh-la ca-ow*
black coffee	**el café negro**	*ca-feh nehgroh*
coffee - large black	**café americano**	*ca-feh ah-meh-ree-ca-noh*
coffee with milk	**café con leche**	*ca-feh con leh-cheh*
decaf coffee	**café descafeinado**	*ca-feh des-ca-feh-ee-na-doh*

orange juice	**zumo de naranja**	*thu-moh deh nah-ran-kha*
almond horchata (non-dairy rice and almond drink)	**horchata de almendra**	*or-char-tah deh al-men-drah*

Chapter 5

IN TOWN

Bank

the bank	el banco	*ban-coh*
the ATM	el cajero automático	*ca-kheh-roh auto-ma-tee-coh*
a credit card	tarjeta de crédito	*tar-kheh-ta deh creh-dee-toh*
euros/ cents	euros y céntimos	*eh-u-ros ee then-tee-mos*
withdraw money	retirar dinero	*reh-tee-rar dee-neh-roh*
to pay	pagar	*pa-gar*
change	el cambio	*cam-bee-oh*
signature	la firma	*feer-ma*
coins	las monedas	*moh-neh-das*
notes	los billetes	*bee-yeh-tes*

Post Office

Letterboxes (**el buzón** - *boo-thon*) and Post Office logos are yellow. Stamps can be bought at the tobacconists (**estancos** *es-tan-cos*) as well as at the Post Office but parcels have to be posted at a Post Office.

Reinette says:
If you don't understand the bank or post office clerk, ask them to write it down: **"Escríbelo por favor"**.
es-cree-ba-loh por fa-vor
The number 1 and number 7 may look like this

to post	**enviar por correo**	*enviar por correo*
overseas	**al extranjero**	*al eks-tran-kheh-roh*
a box	**una caja**	*ca-kha*
envelope	**el sobre**	*soh-breh*
letter	**una carta**	*cahr-ta*
parcel	**un paquete**	*pa-keh-teh*
post restante	**lista de correos**	*lee-sta deh cor-re-os*
postcard	**una postal**	*pos-ta-les*
postman	**el cartero**	*cahr-teh-roh*
courier	**el courier**	*koo-ree-er*
stamps	**los sellos**	*seh-yos*

> In Spanish Post Offices you take a ticket from a machine, sit down and wait for your number to appear on the rotating screen. Large Post Offices have more than one ticket machine for the different counters. They might include:
>
> | | |
> |---|---|
> | **Colecciones** | collections |
> | **Paquete** | parcels/packages |
> | **Pagar las cuentas** | to pay accounts |

Shopping

ring for service	**toque el timbre para servicio**	*toh-keh el teem-breh pa-ra ser-vee-thee-oh*
barber shop	**el peluquero**	*peh-lu-keh-roh*
hairdressers	**la peluquería**	*peh-lu-keh-ria*
chemist	**la farmacia**	*far-ma-thee-a*
optician	**el oculista**	*oh-koo-lis-ta*
post office	**el correo**	*cor-reh-oh*
souvenirs	**los recuerdos**	*reh-kwer-dos*
wine cellar	**la bodega**	*boh-deh-ga*
shop/store	**la tienda**	*tee-en-da*
clothing shop	**la tienda de ropa**	*deh roh-pa*

greengrocer	**la tienda de víveres**	*deh vee-veh-res*
stationery shop	**la tienda de papelería**	*deh pa-pe-le-ree-a*
department store	**los grandes almacenes**	*gran-des al-ma-theh-nes*
bakery	**la panadería**	*pa-na-deh-ree-a*
butcher shop	**la carnicería**	*cahr-neh-theh-ree-a*
fish shop	**la pescadería**	*pes-ca-deh-ree-a*
hairdressing salon	**la peluquería**	*peh-loo-keh-ree-a*
hardware shop	**la ferretería**	*fer-reh-teh-ree-a*

> When you approach a Spanish person you will often hear them say: **'Dime or dígame?'** which means "tell me/ speak to me/ can I help you/what would you like…..?"

jewellery shop	**la joyería**	*khoh-yeh-ree-a*
market	**el mercado**	*mer-ca-doh*
supermarket	**el supermercado**	*su-per-mer-ca-doh*
cellphone recharge	**la recarga de móviles**	*reh-cahr-ga deh moh-vee-les*
a SIM card please	**una tarjeta SIM por favor**	*tar-kheh-ta seem*
I want to buy…	**quiero comprar…**	*kee-eh-roh com-prar*
three slices of cheese/ham	**tres rajas de queso / jamón**	*tres ra-ghas deh keh-soh / kha-mon*
half a kilogram	**medio kilo**	*meh-dee-oh kee-loh*
more	**más**	*mas*
less	**menos**	*meh-nos*
more or less	**más o menos**	*mas aw meh-nos*
how much?	**¿cuánto?**	*kwan-toh*
Cashier/till/checkout	**la caja**	*ca-kha*

Do you have change?	**¿tiene cambio?**	*tee-eh-neh cam-bee-oh*
I don't have change	**no tengo cambio**	*noh ten-goh cam-bee-oh*
Can I pay by credit card?	**¿Puedo pagar con tarjeta de crédito?**	*pweh-doh pa-gar con tar-kheh-ta deh kreh-dee-toh*
Cash Only	**sólo efectivo**	*soh-loh eh-fec-tee-voh*

Chapter 6

WELL-BEING

Health and Medical

health centre	**el centro de salud**	*then-troh deh sa-lud*
hospital	**el hospital**	*os-pee-tal*
pharmacy	**la farmacia**	*far-ma-thee-a*

Pilgrims can also be treated for minor aches and injuries by the Red Cross – **la Cruz Roja** (*crooth roh-kha*).

doctor	**el médico**	*meh-dee-coh*
nurse	**la enfermera**	*en-fer-meh-ra*
prescription	**el medicamento**	*meh-dee-ca-men-toh*

> The doctor will ask, "What is wrong?
> **¿Qué le pasa?**

I'm allergic to ...	**soy alérgico a..**	*soy ah-ler-khee-coh a..*
Penicillin	**la penicilina**	*peh-nee-thee-lee-na*
Iodine	**el yodo**	*yoh-doh*
Aspirin	**la aspirina**	*as-pee-ree-na*
Ibuprofen	**Ibuprofina**	*ee-boo-proh-fee-na*
I have …..	**yo tengo…..**	*yoh ten-goh….*
high blood pressure	**la tensión alta**	*ten-see-on al-ta*

heart condition	**sufro del corazón**	*soof-roh del coh-ra-thon*
a sore throat	**dolor de garganta**	*dol-lor deh gar-gan-ta*
I am diabetic	**soy diabético**	*soy dee-ah-beh-tee-coh*
I feel dizzy	**me mareo**	*meh ma-reh-oh*
I fell	**me caí**	*meh ca-ee*
I fainted	**me desmayé**	*meh des-ma-yeh*
I have vomited	**he vomitado**	*eh voh-mee-ta-doh*
constipation	**el estreñimiento**	*es-treh-ni-ee-mee-en-toh*
an upset stomach	**el estómago revuelto**	*eh-stoh-ma-goh reh-vwel-toh*
I think I have food poisoning	**Creo que tengo intoxicación por alimentos**	*creh-oh keh ten-goh een-tok-see-cah-thee-on por ah-lee-men-tos*
blood	**la sangre**	*san-greh*
it is swollen	**está hinchado**	*eh-sta een-cha-doh*
bleeding	**sangrando**	*san-gran-doh*
blisters	**las ampollas**	*am-po-yas*
cough	**la tos**	*tos*
diarrhea	**la diarrea**	*dee-ar-reh-a*
flu	**la gripe**	*gree-peh*
headache	**el dolor de cabeza**	*doh-lor deh ca-beh-tha*
rash	**la irritación**	*eer-ree-ta-thee-on*
sprain	**la torcedura**	*tor-theh-du-ra*
sunstroke	**la insolación**	*een-soh-la-thee-on*
temperature	**la fiebre**	*fee-eh-breh*
toothache	**el dolor de muelas**	*doh-lor deh mweh-las*

You can show him the relevant words in this book or point to parts of your body and mime your problem

I've pain here	**tengo dolor aquí**	*ten-goh doh-lor ah-kee*
ankle	**el tobillo**	*toh-bee-yoh*
arms	**los brazos**	*bra-thos*
back	**la espalda**	*es-pal-da*
calf	**la pantorilla**	*pan-toh-ree-ya*
chest	**el pecho**	*peh-choh*
chin	**la barbilla**	*bar-bee-ya*
ears	**los oídos**	*oh-ee-dos*
elbow	**el codo**	*coh-doh*
eyes	**los ojos**	*oh-khos*
face	**la cara**	*ca-ra*
fingers	**los dedos**	*deh-dos*
foot	**el pie**	*pee-eh*
hands	**las manos**	*ma-nos*
head	**la cabeza**	*ca-beh-tha*
hips	**las caderas**	*ca-deh-ras*
knee	**la rodilla**	*roh-dee-ya*
legs	**las piernas**	*pee-er-nas*
lips	**los labios**	*la-bee-os*
mouth	**la boca**	*boh-ca*
neck	**el cuello**	*kweh-yoh*
nose	**la nariz**	*na-reeth*
shoulders	**los hombros**	*om-bros*
stomach	**el estómago**	*eh-sto-ma-goh*
toes	**los dedos de los pies**	*deh-dos deh los pee-es*
teeth	**los dientes**	*dee-en-tes*
thighs	**los muslos**	*moos-los*

throat	**la garganta**	*gar-gan-ta*
tongue	**la lengua**	*len-gwa*
wrists	**las muñecas**	*moo-ni-eh-cas*

The doctor might say:

> **Recomiendo que vaya al hospital**
> I recommend you go to the hospital
>
> **Recomiendo que descanse un par de días**
> I recommend you rest a couple of days
>
> **Recomiendo que no camine más**
> I recommend you do not walk any further

Emergencies

If you are from an EU country you can apply for a free European Health Insurance Card, EHIC, (formerly the E111), which offers you access to reduced cost medical treatment in EU countries. If you are from the UK you can apply for a UK Global Health Insurance Card (GHIC).

Help!	**¡socorro!**	*soh-korro*
Help me!	**¡ayúdeme!**	*a-yu-da-meh*
Fire!	**¡fuego!**	*fweh-goh*

Accident!	¡accidente!	*ak-theh-den-teh*
Ambulance!	¡ambulancia!	*am-bu-lan-thee-a*
Police!	policía	*poh-lee-thee-a*
thief	el ladrón	*la-dron*
pervert	el depravado	*deh-pra-va-do*
flasher	el exhibicionista	*eks-ee-bee-thee-oh-nees-ta*
I was molested	me molestó sexualmente	*meh moh-les-toh seks-wal-men-teh*
I was mugged	me asaltaron	*meh ah-sal-ta-ron*
I've been robbed	me han robado	*meh an roh-bah-doh*
Someone stole my…	alguién me robó mi	*al-gee-en meh roh-boh mee…*

Chapter 7

THE ARRIVAL
Santiago

Congratulations	¡Felicitaciones!	feh-lee-thee-ta-thee-oh-nes
You have arrived in Santiago!	¡ Usted ha llegado a Santiago !	oo-sted ah yeh-ga-doh a san-tee-a-goh
Where is the cathedral?	¿Dónde está la catedral?	don-deh es-ta la ca-teh-dral
What time is the mass?	¿A qué hora es la misa?	ah keh oh-rah es la mee-sa
Where is the Pilgrims Office?	¿Dónde está la oficina de peregrinos?	don-deh es-ta la oh-fee-thee-na deh peh-reh-gree-nos
Incense Burner	El Botafumeiro	boh-ta-foo-mai-roh

Blessings

Señal De La Cruz - Sign of the Cross

En el nombre del Padre y del Hijo y del Espíritu Santo, amén

El Gloria - Gloria

Gloria al Padre, gloria al Hijo y gloria al Espíritu Santo. Como era en el principio, ahora y siempre, por los siglos de los siglos, amén.

El Credo - The Creed

Creo en Dios, Padre Todopoderoso, creador del cielo y de la tierra.

Creo en Jesucristo su único hijo, nuestro Señor, que fue concebido por obra y gracia del Espíritu Santo, nació de Santa María virgen, padeció bajo el poder de Poncio Pilato, fue crucificado, muerto y sepultado, descendió a los infiernos, al tercer día resucitó de entre los muertos, subió a los cielos y está sentado a la derecha de Dios Padre, desde allí, ha de venir a juzgar a los vivos y a los muertos.

Creo en el Espíritu Santo, en la iglesia Católica, la comunión de los santos, el perdón de los pecados, la resurrección de los muertos y la vida eterna, amen.

Padre Nuestro - Our Father

Padre Nuestro que estas en el cielo, santificado sea tu nombre, venga a nosotros tu reino, hágase tu voluntad en la tierra, como en el cielo, danos hoy nuestro pan de cada día, y perdona nuestras ofensas como también nosotros perdonamos, a los que nos ofenden, no nos dejes caer en la tentación, y líbranos del mal, ... amén.

Ave María - Ave Maria

Dios te salve Maria, llena de gracia, el Señor es contigo y bendito es el fruto de tu vientre, Jesús, Santa María madre de Dios ruegan por nosotros los pecadores ahora y en la hora de nuestra muerte, amén.

Salve Reina - Salve Regina

Dios te salve, reina y madre de misericordia, vida, dulzura y esperanza nuestra. Dios te salve……..

Mea Culpa - My Guilt

Por mi culpa, por mi gravísima culpa, por tanto ruego y pido a todos los feligreses y a todos los santos que oren por mí....Yo pecador, me confieso a Dios Todopoderoso, creador del cielo y de la tierra...

Perdóname Padre, porque he pecado...

Leaving

Bye	**chau**	*chow*
Goodbye my friend	**Adiós mi amigo**	*ah-dee-os mee a-mee-go*
Thanks for everything	**Gracias por todo**	*gra-thee-as por toh-doh*
I'm going home	**Me voy a casa**	*meh voy a ca-sa*
I leave.... tonight / tomorrow	**Yo salgo.... esta noche / mañana**	*yoh sal-goh esta noh-che / ma-nia-na*
My address	**mi dirección**	*mee dee-rec-thee-on*
My email	**mi correo electrónico**	*mee cor-re-oh e-lec-tro-nee-coh*
My phone number	**mi número de teléfono**	*mee nu-meh-roh deh te-le-fo-noh*
Are you on Facebook/ Twitter/Instagram?	**¿Estas en Facebook / Twitter / Instagram?**	*eh-stas en Facebook / Twitter / Instagram*
Where is the train station?	**¿Dónde está la estación de tren?**	*don-deh es-ta la eh-sta-thee-on deh tren*
Where is the airport bus?	**¿Dónde está el autobús al aeropuerto?**	*don-deh es-ta el au-toh-boos al ah-eh-roh-pwer-toh*

Appendix 1

BASIC PRONUNCIATION

Most languages in the world have variations in accents, pronunciation and vocabulary. We have chosen the simplest, clearest and most universal sounds and vocabulary.

Like William said on the first page, every syllable is pronounced and it never changes, no matter if it has an accent over it. Don't forget, the final 'e' on the end of a word is always pronounced.

To help 'gringos' only the 'foreign' sounds will be written 'phonetically'

A: *ah* - short like 'o' in mother, the 'u' in mum 'a' in salsa

E: *eh* - short like 'e' in egg, eh! (Not 'ee' like deed)

I :   *ee* - like bee! Not 'eye'. (Iberia is 'ee-beria' not 'eye'- beria

O: *oh* - short like 'aw' in awful, or in more (not as in 'know')

U: *oo* - short like 'oo' in oops

LL: *y* – easiest way is as in yes…. la paella is *'la pa-eh-ya'*

Ñ: *ni* - nasal 'n' - a blocked nose!

H: is never pronounced ….so drop yer 'aitches'!

Q :   *k* - (q is always followed by 'ue / ui'):- que (*keh*) aquí (*akee*)

R: *r* – rolled like the Scottish 'r'

Y: *ee* - often interchangeable with 'i' (*ee*)

X: *ks* - as in English 'ex'

B - V: to prevent confusion keep 'b' al b & 'v' as v
   la baca (car rack) **la vaca** (cow)

J: *kh* - a soft guttural sound like the 'ch' in Scottish Loch

J – H: Often English speakers can't make this sound at the beginning of a word and then it may sound like "h"

C - G: 'e' or 'i' softens both preceding consonants:
        ce ci (*theh seh*) like thee/see
        ge gi (*kheh khee*) like ch in loch
    Both are hard when followed by the hard vowels a','o' and ' 'u':
        ca co cu (*ka koh koo*)
        ga go gu (*ga goh goo*)

Z: *th* - za ze zi zo zu (*tha, theh, thee, thoh, thoo*)

Accents

When speaking, think of putting the rhythm or stress on the second to last syllable; if not, the Spanish kindly put an accent /tilde where they want the stress.... **á,é,í,ó,ú,** sounds the same as **a,e,i,o,u.**

The 'e' and 'i' affecting pronunciation is NOT a Spanish complication but typical of nearly every European language. Think of the English word garage or, do we say Kelt or Selt for Celt ? To remember it more easily... think of the spelling rule...'i' before 'e' except after 'c'....

When 'n' has a tilde ñ on top, it sounds nasal, which DOES change the meaning of a word because it is a separate letter.

eg. **el ano** (*ah-noh*) (anus) - **el año** (*ah-nioh*) (year)

Alphabet

a	*ah*
b	*beh*
c	*theh/seh*
ch	*cheh*
d	*deh*
e	*eh*
f	*eh-feh*
g	*gheh*
h	*ah-cheh*
i	*ee*
j	*ghoh-ta*
k	*ka*
l	*eh-leh*
ll	*ehl-yeh, eh-yeh*
m	*eh-meh*
n	*eh-neh*
ñ	*eh-nyeh*
o	*oh*
p	*peh*
q	*koo*
r	*er-reh*
s	*eh-seh*
t	*teh*
u	*oo*
v	*veh*
w	*doh-bleh-veh*
x	*eh-kees*
y	*ee gree-eh-ga*
z	*theh-ta, zeh-ta*

Alike-sounding Words

Spanish and English have literally thousands of words that are basically the same in both languages, having the same root and similar meanings. These are 'friends'- there are some words that look alike but have different meanings – these are 'false friends.'

1) words ending in 'or/our' are often identical in Spanish & English

| color/colour | **el color** |
| doctor | **el doctor** |

2) Words ending in 'al' are often identical

| animal | **el animal** |
| local | **local** |

3) Words ending in 'ble' are often identical (Spanish stress the second to last syllable - vis-i-ble)

flexible	**flexible**
possible	**posible** (in Spanish always one 's')
probable	**probable**

4) Over 200 English words ending in 'ic' can be changed into Spanish words just by adding an 'o' onto the end.

| public | **el público** |
| Atlantic | **el Atlántico** |

5) English words that end in 'ent' or 'ant' can often be changed into Spanish words just by adding an 'e' onto the end. (Stress the second to last syllable of the Spanish word - e-le-FAN-te – the final 'e' is always pronounced.

important	**importante**
urgent	**urgente**

6) English words ending with 'ist' can often be converted to their Spanish equivalent by just adding an 'a' on the end.

dentist	**el dentista**
pianist	**el pianista**

7) English words ending in 'ous' can have that ending replaced with 'oso' to find the Spanish equivalent

delicious	**delicioso**
famous	**famoso**

8) English words ending in 'tion' just need to have the 't' exchanged for a 'c' and an accent placed on the last 'ó' to create the Spanish word. Words ending in 'sion' are usually identical to the Spanish words except for the accent on the last 'ó'

nation	**la nación**
discussion	**la discusión** (in Spanish, always one 's')

9) Some English words ending in 'cal' can be changed into the Spanish version by replacing 'cal' with 'co'.

logical	**lógico**
typical	**típico**

10) Many English words ending in 'ment' can be changed into the Spanish by just adding an 'o'

fragment	**el fragmento**
monument	**el monumento**

11) Many English words beginning with 'sp' or 'st' etc… add an 'e' in front to make it Spanish

special	**especial**
stadium	**estadio**

Confusing Words
(False amigos!)

agony	**agonía**	near death
embarrased	**embarazada**	pregnant

Learn More:

This website claims that you can learn 20 000 Spanish words in 20 minutes!
www.knowspanish.com

Alpabetical and subject organised lists of cognates:
spanishcognates.org

Learn Spanish phrases and words:
www.smartphrase.com   www.123teachme.com

The top 10 smartphone Spanish learning apps:
www.top10.com/language-learning/spanish-learning

Online courses and word lists:

www.spanishprograms.com

Very popular online and smartphone app language learning tools:
www.duolingo.com

Appendix 2

MENU AND TAPAS READER
(Spanish/English)

Dishes

A

aceitunas	*ah-theh-too-nas*	olives
ajo	*ah-kho*	garlic
alcachofas	*al-ca-choh-fas*	artichokes
albahaca	*al-ba-ah-ca*	basil
albóndigas	*al-bon-dee-gas*	meatballs
almendras	*al-men-dras*	almonds
alubias	*ah-loo-bee-as*	beans
anchoas	*an-choh-as*	anchovies
arroz	*ar-roth*	rice
asado	*ah-sah-doh*	grilled
atún	*ah-toon*	tuna

B

bacalao	*ba-ca-la-oh*	cod
berenjena	*beh-ren-kheh-na*	aubergines
bistec	*bees-tec*	steak
bocadillo	*bo-ca-dee-yoh*	sandwich /roll
bollos de pan	*boh-yos deh pan*	bread rolls

C

caballa	*ca-ba-ya*	mackerel

calamares	*ca-la-ma-res*	squid
caldo	*cal-doh*	soup
caldo de pollo	*cal-do deh poh-yoh*	chicken soup
caldo de vaca	*cal-do deh va-ca*	beef soup
carne	*cahr-neh*	meat
carne picada	*cahr-neh pee-ca-da*	minced meat
carne asada	*cahr-neh a-sa-da*	grilled meat
cebollas	*theh-boh-yas*	onions
cerdo	*ther-doh*	pork
cerdo asado	*ther-doh a-sa-doh*	pork roast
chuleta de cordero	*choo-leh-ta deh cor-deh-roh*	lamb chop
churros	*choor-ros*	fried pastry strips
cocido de alubias	*co-thee-doh deh a-lu-bee-as*	bean stew
conejo	*coh-neh-khoh*	rabbit
cordero	*cor-deh-roh*	lamb

D

dulces	*dool-thes*	sweets/candies
donas	*dow-nas*	doughnuts

E

empanada	*em-pa-na-da*	meat / fish pie
ensalada mixta	*en-sa-la-da meeks-ta*	mixed salad
entrantes	*en-tran-tes*	entrées
espaguetis	*es-pa-geh-tees*	spaghetti

F

filete	*fee-leh-teh*	fillet steak
fresas	*freh-sas*	strawberries
fresas con nata	*freh-sas con na-ta*	strawberries & cream

G

garbanzos	*gar-ban-thos*	chickpeas
gambas	*gam-bas*	prawns
gazpacho	*gath-pa-choh*	cold soup
guisado / guiso	*gee-sa-doh / gee-soh*	stew
guisantes	*gee-san-tes*	peas

H

habas	*ah-bas*	broad beans
hamburguesa	*am-boor-geh-sa*	hamburger
helado	*eh-la-do*	ice cream
higado	*ee-ga-doh*	liver
huevo	*weh-voh*	egg
huevos con tocino	*weh-vos con to-thee-noh*	eggs & bacon
huevos fritos	*weh-vos free-tos*	fried eggs
huevos revueltos	*weh-vos re-vwel-tos*	scrambled eggs

J

jamón serrano	*kha-mon ser-ra-noh*	cured ham from wild boar of the mountains

L

langosta	*lan-goh-sta*	lobster
langostinos rebozados	*lan-go-stee-nos re-bo-tha-dos*	scampi coated in batter or breadrumbs
lechuga	*leh-choo-ga*	lettuce
lenguado	*len-gwa-doh*	sole
lentejas	*len-teh-khas*	lentils
lomo	*loh-moh*	loin

M

macarrones	*ma-ca-roh-nes*	macaroni
mariscos	*ma-rees-cos*	mixed shell fish
mejillones	*me-khee-yo-nes*	mussels
menestra de verduras	*meh-neh-stra*	veg stew
merluza	*mer-loo-tha*	hake
mostaza	*moh-sta-tha*	mustard

N

nata batida	*na-ta ba-tee-da*	whipped cream
nueces	*nweh-thes*	nuts

O

ostras	*os-tras*	oysters

P

patatas asadas	*pa-ta-tas ah-sa-das*	roast potatoes
patatas bravas	*pa-ta-tas bra-vas*	spicy fried potatoes
patatas fritas	*pa-ta-tas free-tas*	French fries
pato	*pa-toh*	duck
pavo	*pa-voh*	turkey
pechuga de ternera	*pe-choo-ga deh ter-neh-ra*	veal breast
pepino	*peh-pee-noh*	cucumber
perrito caliente	*per-ree-toh ca-lee-en-the*	hot dog
pescado	*pes-ca-doh*	fish
pinchos	*peen-chos*	appetizers
pimiento rojo	*pee-mee-en-toh ro-khoh*	red pepper
pimiento verde	*pee-mee-en-toh ver-deh*	green pepper
plancha	*plan-cha*	grilled
platos combinados	*pla-tos com-bee-na-dos*	various foods

pollo asado	*poh-yoh a-sa-doh*	roast chicken
pollo frito	*poh-yoh free-to*	fried chicken
pollo rebozado	*poh-yoh re-boh-tha-doh*	crumbed chicken
pulpo	*pul-poh*	octopus
puerros	*pwer-ros*	leeks
puré de patatas	*poo-reh deh pa-ta-tas*	mashed potatoes

R

rabo de buey	*ra-boh deh bweh*	oxtail
ración	*ra-thee-on*	portions
repollo	*reh-poh-yoh*	cabbage
roscas	*ros-kas*	small pastries

S

salchicha	*sal-chee-cha*	sausage
salsa de tomate	*sal-sa deh to-ma-teh*	tomato sauce
sardinas	*sar-dee-nas*	sardines
setas	*seh-tas*	mushrooms

T

tabla de queso	*ta-bla deh keh-soh*	cheese board
tarta	*tar-ta*	cake
té	*teh*	tea
ternera	*ter-neh-ra*	veal
tomates	*toh-ma-tes*	tomatoes
torta	*tor-ta*	open pie/pancake
tortilla española	*tor-tee-yah eh-spa-nioh-la*	potato omelette
truchas	*troo-chas*	trout

U

uvas	*oo-vas*	grapes

V
verduras	*ver-doo-ras*	vegetables
vinagre	*vee-na-greh*	vinegar

Y
yogur	*yoh-goor*	yoghurt

Z
zanahorias	*tha-na-oh-ree-as*	carrots

Tapas
(Spanish 'finger food)'

Logroño (*loh-gro-nioh*) has maybe the best **tapas** (*ta-pas*) bars along the **Camino Francés** (*ca-mee-noh fran-thes*)

Aceitunas	*ah-theh-ee-too-nas*	olives, plain or stuffed
Albóndigas	*al-bon-dee-gahs*	meatballs with sauce
Aioli	*ah-ee-oh-lee*	Garlic and oil commonly served with mayonnaise, grilled potatoes, fish, meat or vegetables
Bacalao	*ba-ca-la-oh*	Salted cod loin sliced very thinly, usually served with bread and tomatoes
Banderillas / pinchos de encurtidos	*ban-deh-ree-yas / peen-chos deh en-cur-tee-dos*	Cold tapas made from olives, baby onions and chillies pickled in vinegar and skewered together.
Boquerones	*boh-keh-roh-nes*	White anchovies served in vinegar or deep fried
Calamares rebozados	*ca-la-ma-res reh-boh-tha-dos*	Rings of battered squid
Carne mechada	*car-neh meh-cha-da*	Slow-cooked, tender beef (meat stuffed with lard)
Chopitos / puntillitas	*choh-pee-tos / poon-tee-yee-tas*	Battered and fried tiny squid
Cojonuda	*coh-khoh-noo-doh*	cocktail sausage with 2 quail eggs on bread
Chorizo al vino	*cho-ree-thoh al vee-noh*	Chorizo sausage slowly cooked in wine
Chorizo a la sidra	*cho-ree-thoh ah la see-dra*	spicey sausage slowly cooked in cider
Croquetas	*croh-keh-tas*	croquette potatoes
Empanadas / empanadillas	*em-pah-nah-das / em-pah-na-dee-yas*	Large / small turnover pastries filled with meats, vegetables or fish

Ensalada rusa	*en-sa-la-da roo-sa*	'Russian' potato salad made with mixed boiled vegetables with tuna, olives and mayonnaise
Gambas ajillo / pil-pil	*gam-bas ah-khee-yoh / peel-peel)*	Sautéed prawns in peppercorn sauce with chopped chillies
Mejillones rellenos	*meh-khee-yoh-nes reh-yeh-nos*	Stuffed mussels
Morcilla	*mor-thee-ya*	blood pudding/sausage
Pimientos de Padrón	*pee-mee-en-tos deh pa-dron*	Small green peppers fried in olive oil or served raw (most are mild, but a few in each batch are quite spicy)
Pulpo	*pool-poh*	Octopus served in oil with salt
Pulpo a la Galega	*pool-poh ah la ga-leh-ga*	Octopus served with paprika, common in Galicia
Pincho moruno	*peen-choh moh-roo-noh*	A stick with spicy meat, made of pork or chicken (its name can translate to 'Moorish spike')
Patatas bravas	*las patatas bra-vas*	Fried potato dices served with salsa brava, a spicy tomato sauce (aioli is often served with it too)
Queso con anchoas	*keh-soh con an-choh-as*	Cheese with anchovies
Rajo	*ra-khoh*	Pork seasoned with garlic and parsley
Solomillo a la castellana	*soh-loh-mee-yoh a la cas-teh-ya-na*	Fried pork scallops, served with an onion and/or cheese sauce
Solomillo al whisky, güisqui	*sol-oh-mee-yoh al wees-kee / gwees-kee*	Fried pork scallops, marinated using whisky, brandy or white wine and olive oil
Tortillitas de camarones	*tor-tee-yee-tas deh ca-ma-roh-nes*	Battered-prawn fritters

Appendix 3

CAMINO STATISTICS

Where From?

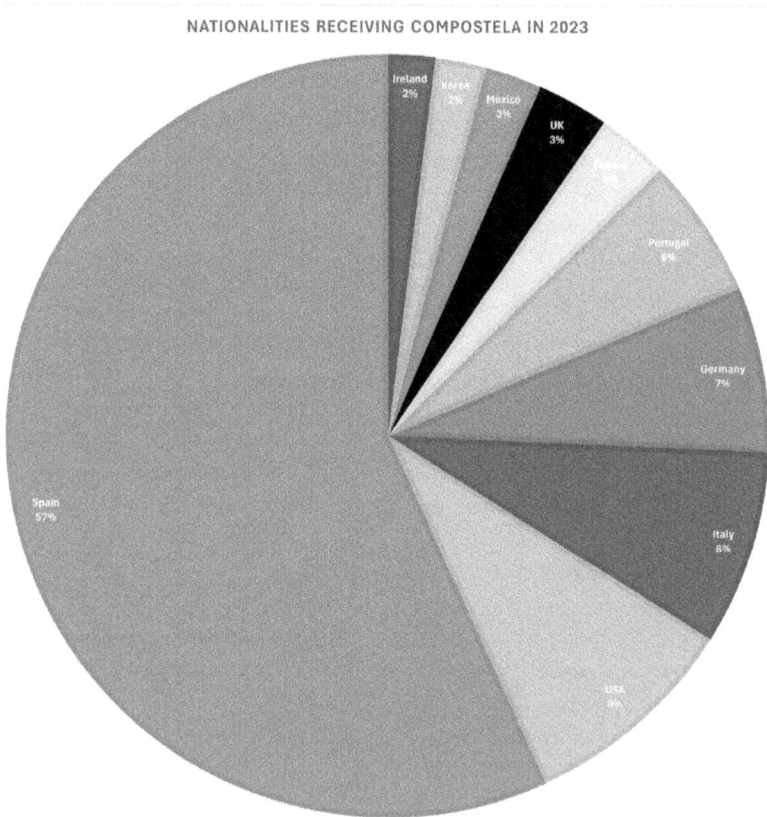

NATIONALITIES RECEIVING COMPOSTELA IN 2023

How Many Pilgrims?

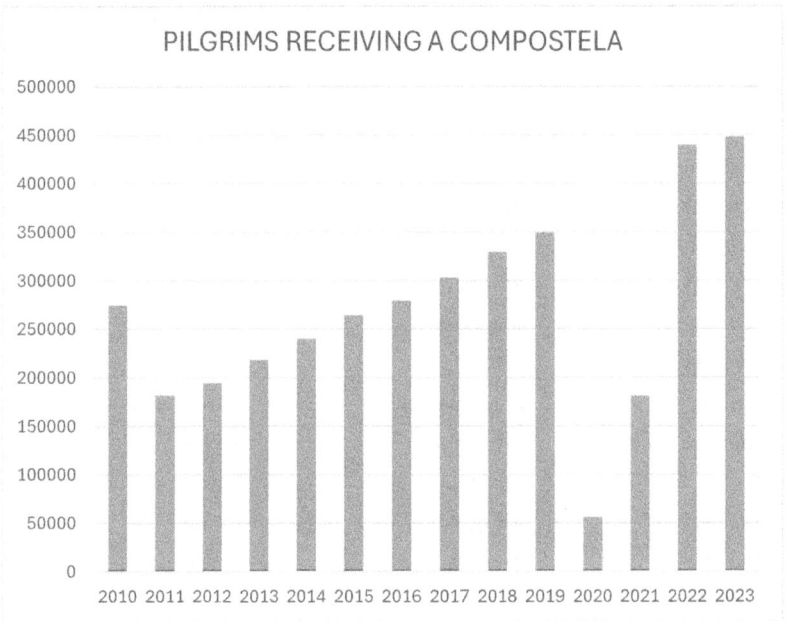

2010 was a Holy Year. Holy Years are celebrated when July 25, the day of Santiago the Elder, falls on a Sunday.

In the Middle Ages numerous indulgences were granted by the Church of Compostela to pilgrims on that day.

Appendix 4

ENGLISH / SPANISH DICTIONARY

A

abbey	**abadía**	*a-ba-dee-a*
accident	**accidente**	*ac-thee-den-teh*
address	**dirección**	*dee-rec-thee-on*
aeroplane	**avión**	*ah-vee-on*
after (then)	**después**	*des-pwes*
afternoon / late	**tarde**	*tar-deh*
airport	**aeropuerto**	*ah-eh-roh-pwer-toh*
albergue (hostel)	**albergue**	*al-ber-geh*
age	**edad**	*eh-dad*
allergic to	**alérgico a..**	*ah-ler-khee-koh ah ...*
allergy	**alergia**	*ah-ler-khee-a*
almonds	**almendras**	*al-men-dras*
alone	**solo**	*soh-loh*
also	**también**	*tam-bee-en*
ambulance	**ambulancia**	*am-boo-lan-thee-a*
anchovies	**anchoas**	*an-cho-as*
ancient	**antiguo**	*an-tee-gwoh*
and	**y**	*ee*
and then	**entonces**	*en-ton-thes*
ankle	**tobillo**	*toh-bee-yoh*
appetizers	**tapas**	*ta-pas*
apple	**manzana**	*mahn-tha-na*
arms	**brazos**	*bra-thos*
arrive (to)	**llegar**	*yeh-gar*
arrival	**llegada**	*yeh-ga-da*
art gallery	**galería de arte**	*ga-la-ree-a deh ar-teh*

artichokes	**alcachofas**	*al-ca-choh-fas*
aspirin	**aspirina**	*as-pee-ree-na*
ATM	**cajero automático**	*ca-kheh-roh au-toh-ma-tee-coh*
autumn	**otoño**	*oh-toh-nioh*

B

back (body)	**espalda**	*es-pal-da*
backpack	**mochila**	*moh-chee-la*
backpack transfers	**transporte de mochilas**	*trans-por-teh deh moh-chee-las*
bag (hand)	**bolsa**	*bol-sa*
bakery	**panadería**	*pa-na-deh-ree-a*
banana	**plátano**	*plah-ta-noh*
bank	**banco**	*ban-coh*
bar	**bar**	*bar*
barber	**peluquero**	*peh-loo-keh-roh*
basin	**lavabo**	*la-va-boh*
bathroom	**baño**	*ba-nioh*
beans	**alubias**	*ah-loo-bee-as*
beautiful (very)	**bello (muy)**	*beh-yoh (mwee)*
beautiful day	**hermoso día**	*er-moh-soh dee-a*
bed bugs	**chinches**	*cheen-ches*
beef steak	**bistec**	*bees-tec*
beer	**cerveza**	*ther-veh-tha*
beware of the dog	**cuidado con el perro**	*kwee-da-doh con el per-roh*
Bible	**Biblia**	*beeb-lee-a*
black coffee	**café negro**	*ca-feh neh-groh*
blanket	**manta**	*man-ta*
bleeding	**sangrando**	*san-gran-doh*
Blessings /prayers	**oraciones**	*oh-ra-thee-oh-nes*
blisters	**ampollas**	*ahm-poh-yas*

blood	**sangre**	*san-greh*
blood pressure-high	**tensión alta**	*ten-see-on al-ta*
bon appetit	**buen provecho**	*bwen pro-ve-choh*
bon voyage	**buen viaje**	*bwen vee-a-kheh*
book	**libro**	*lee-broh*
boots	**botas**	*bo-tas*
box	**caja**	*ca-kha*
bra	**sostén**	*sos-ten*
bread	**pan**	*pan*
breakfast	**desayuno**	*des-ah-yoo-noh*
bridge	**puente**	*pwen-teh*
brother	**hermano**	*er-ma-noh*
bucket	**balde**	*bal-deh*
building	**edificio**	*eh-dee-fee-thee-oh*
bullring	**plaza de toros**	*pla-tha deh toh-ros*
bunk beds	**literas**	*lee-teh-ras*
bus /bus station	**autobus /estación de autobus**	*eh-sta-thee-on deh auto-bus*
but	**pero**	*peh-roh*
butcher	**carnicería**	*cahr-nee-theh-ree-a*
butter	**mantequilla**	*mahn-te-kee-ya*
buy (to)	**comprar**	*com-prar*

C

cabbage	**repollo**	*reh-poh-yoh*
cafeteria/ café	**cafetería / café**	*ca-feh-teh-ree-a / ca-feh*
cafe bar	**café-bar**	*ca-feh-bar*
cake	**torta / pastel**	*tor-ta / pas-tel*
calf (muscle)	**pantorilla**	*pan-toh-ree-ya*
camera	**máquina de fotos**	*mah-kee-na deh foh-tos*
can I walk there?	**puedo caminar allí**	*pweh-doh ca-mee-nar ah-yee*

cap	**gorra**	*gor-ra*
carrots	**zanahorias**	*tha-na-oh-ree-as*
cash only	**sólo efectivo**	*soh-loh eh-fec-tee-voh*
castle	**castillo**	*cas-tee-yoh*
cathedral	**catedral**	*ca-teh-dral*
cell phone	**móvil /celular**	*moh-veel / theh-loo-lar*
cell phone recharge	**recarga de móviles**	*reh-cahr-ga deh moh-vee-les*
cents	**céntimos**	*then-tee-mos*
chairs	**sillas**	*see-yas*
change (money etc)	**cambio**	*cam-bee-oh*
check-out time	**la hora de salida**	*oh-ra deh sa-lee-da*
cheers	**salud**	*sa-lood*
cherries	**cerezas**	*theh-reh-zas*
chest / breast (body)	**pecho**	*peh-choh*
chickpeas	**garbanzos**	*gar-ban-thos*
chicken	**pollo**	*poh-yoh*
chin	**barbilla**	*bar-bee-ya*
chips	**patatas fritas**	*pa-ta-tas free-tas*
chocolate	**chocolate**	*choh-coh la-teh*
chocolate (hot drink)	**"cola cao"**	*coh-la-ca-oh*
church	**iglesia**	*ee-gle-see-a*
churros	**churros**	*choor-ros*
cinema	**cine**	*thee-neh*
city	**ciudad**	*thee-u-dahd*
city centre	**centro de la ciudad**	*then-troh deh la thee-u-dahd*
close (to)	**cerrar**	*ther-rar*
closed	**cerrado**	*ther-ra-doh*
closing time	**hora de cierre**	*oh-ra deh cee-er-reh*
clothes	**ropa**	*ro-pa*
clothesline	**tendedero**	*ten-deh-deh-roh*
clothing shop	**tienda de ropa**	*tee-en-da deh-roh-pa*

cloudy	**está nublado**	*eh-sta noo-bla-doh*
coat / jacket	**chaqueta**	*cha-keh-tah*
cod fish	**bacalao**	*ba-ca-la-oh*
coffee with milk	**café con leche**	*ca-feh kon leh-cheh*
coffee - large black	**café americano**	*ca-feh ah-meh-ree-ca-noh*
coffee - decaf	**café descafeinado**	*ca-feh des-ca-feh-ee-na-doh*
coins	**monedas**	*moh-neh-das*
cold	**hace frío**	*ah-theh free-oh*
collections	**colecciones**	*coh-lec-thee-oh-nes*
constipation	**constipación**	*con-sti-thee-on*
convent	**convento**	*con-ven-toh*
cook (to)	**cocinar**	*co-thee-nar*
cooking	**cocinando**	*co-thee-nan-doh*
cough	**tos**	*tos*
could you?	**puede usted**	*pwe-deh oosted*
country	**país**	*pa-ees*
courier	**courier**	*koo-ree-er*
cows	**vacas**	*va-cas*
cream	**crema / nata**	*creh-ma / na-ta*
credencial	**credencial**	*creh-den-thee-al*
credit card	**tarjeta de crédito**	*tar-kheh-ta deh creh-dee-toh*
crème caramel	**flan**	*flan*
cucumber	**pepino**	*peh-pee-noh*
customs	**aduana**	*ah-doo-ah-na*
cutlery	**cubiertos**	*coo-bee-er-tos*
cycling	**andando en bicicleta**	*an-dan-doh en bee-thee-cleh-ta*

D

dairy products	**productos lácteos**	*proh-dooc-tos lac-teh-os*
date (the)	**fecha**	*feh-cha*

day	**día**	*dee-a*
decaffeinated	**descafeinado**	*des-ca-feh-ee-na-doh*
deodorant	**desodorante**	*des-oh-doh-ran-teh*
department store	**grandes almacenes**	*gran-des al-ma-theh-nes*
depart / leave (to)	**salir**	*sa-leer*
departure	**salida**	*sa-lee-da*
dessert	**postre**	*pos-treh*
diabetic	**diabético**	*dee-ah-beh-tee-coh*
diarrhoea	**tengo diarrea**	*ten-goh dee-ar-reh-a*
dictionary	**diccionario**	*deek-thee-oh-na-ree-oh*
dinner	**cena**	*theh-na*
dizzy	**mareo**	*ma-reh-oh*
dogs	**perros**	*per-ros*
do not touch	**no tocar / prohibido**	*noh toh-cahr /proh-ee-bee-doh*
doctor	**médico**	*meh-dee-coh*
donation	**donativo**	*doh-na-tee-voh*
dormitory	**dormitorio**	*dor-mee-toh-ree-oh*
double room (twin beds / double bed)	**habitación doble / matrimonial**	*ah-bee-ta-thee-on / mah-tree-moh-nee-al*
do you have....?	**hay**	*aye*
downhill	**bajada**	*ba-kha-da*
drinkable	**potable**	*poh-ta-bleh*
drinking font	**fuente**	*fwen-teh*
dry (to)	**secar**	*seh-cahr*
dryer	**secadora**	*seh-ca-doh-ra*
duck	**pato**	*pa-toh*

E

early	**temprano**	*tem-pra-noh*
ears (inside)	**oídos**	*oh-ee-dos*
ears (outside)	**orejas**	*oh-reh-ghas*

eat (to)	**comer**	*coh-mer*
eggs	**huevos**	*weh-vos*
elbow	**codo**	*coh-doh*
email	**correo electrónico**	*cor-reh-oh e-lec-troh-nee-coh*
English / Englishman	**inglés**	*een-gles*
en suite bathroom	**con baño**	*con bah-nioh*
entrance	**entrada**	*en-tra-da*
entrées	**entrantes**	*en-tran-tes*
envelopes	**sobres**	*soh-bres*
escalator	**escalera mecánica**	*es-ca-leh-ra meh-ca-nee-coh*
euros	**euros**	*eh-oo-ros*
excuse me	**perdón**	*per-don*
exhausted	**agotado**	*ah-goh-ta-doh*
exit / leave (to)	**salir**	*sa-leer*
exit	**salida**	*sa-lee-da*
eyes	**ojos**	*oh-khos*

F

face	**cara**	*ca-ra*
face cloth	**toallita**	*to-a-yee-ta*
fainted (I)	**(yo) me desmayé**	*yoh meh des-ma-yeh*
fall (to)	**caer**	*ca-er*
fell (I fell)	**(yo) me caí**	*yoh meh ca-ee*
far (is it..?)	**está lejos**	*es-ta leh-khos*
farms	**granjas**	*gran-khas*
feet	**pies**	*pee-es*
fields	**campos**	*cam-pos*
fifth	**quinta**	*keen-ta*
fig	**higo**	*ee-goh*
fillet steak	**filete de res**	*fee-leh-teh deh res*

fingers	**dedos**	*deh-dos*
fire	**fuego**	*fweh-goh*
first	**primero**	*pree-meh-roh*
fish (cooked to eat)	**pescado**	*pes-ca-doh*
fish (alive)	**pez**	*peth*
fish shop	**pescadería**	*pes-ca-deh-ree-a*
flasher	**exhibicionista**	*eks-ee-bee-thee-oh-nee-sta*
flight	**vuelo**	*vweh-loh*
flight number	**número de vuelo**	*nooh-meh-roh deh vweh-loh*
flight ticket	**billete de vuelo**	*bee-yeh-teh deh vweh-loh*
flowers	**flores**	*floh-res*
flu	**gripe**	*gree-peh*
fly (to)	**volar**	*vo-lar*
flying	**volando**	*voh-lan-doh*
food poisoning	**intoxicación por alimentos**	*een-tok-see-cah-thee-on por ah-lee-men-tos*
food	**comida**	*coh-mee-da*
foot	**pie**	*pee-eh*
for	**por / para**	*por / pa-ra*
forbidden/ prohibit	**prohibido**	*proh-ee-bee-doh*
fork	**tenedor**	*teh-neh-dor*
fourth	**cuarta**	*kwar-ta*
fridge	**nevera**	*neh-veh-ra*
fried	**frito**	*free-toh*
friend/s	**amigo /s**	*ah-mee-goh /-gos*
from	**desde**	*des-deh*
fruit	**fruta**	*froo-ta*
full	**completo**	*com-pleh-toh*

G

garlic	**ajo**	*ah-khoh*
garlic soup	**sopa de ajo**	*soh-pa deh ah-khoh*
gas	**gas**	*gahs*
give (to)	**dar**	*dahr*
give (I)	**(yo) doy**	*yoh doy*
give me, please	**déme / me dé, por favor**	*deh-meh / meh-deh por fa-vor*
gloves	**guantes**	*gwan-tes*
go (to)	**ir**	*eer*
going (I am)	**(yo) voy**	*yoh voy*
going / let's go	**vamos**	*va-mos*
(you are) going	**va (sing) / van (pl)**	*vah / vahn*
goodbye	**adiós / chau**	*ah-dee-os/chau*
good afternoon	**buenas tardes**	*bwe-nas tar-dehs*
good luck	**buena suerte**	*bweh-na-swer-teh*
good morning	**buenos días**	*bwe-nos dee-as*
good night	**buenas noches**	*bwe-nas noh-ches*
good walk	**buen camino**	*bwen ca-mee-noh*
grapes	**uvas**	*oo-vas*
green salad	**ensalada verde**	*en-sa-la-da ver-deh*
greengrocer	**verdulero**	*ver-doo-leh-roh*
greengrocery	**verdurlería**	*ver-doo-leh-ree-a*
grilled	**a la parrilla / asado**	*a la par-ree-ya / ah-sa-doh*
a group	**grupo**	*groo-poh*
guide /guide book	**guía**	*gee-a*

H

hairdresser	**peluquero**	*peh-loo-heh-ro*
hake	**merluza**	*mer-loo-tha*

English	Spanish	Pronunciation
half	**mitad**	*la mee-tahd*
half a kilogram	**medio kilo**	*meh-dee-oh kee-loh*
ham	**jamón**	*kha-mon*
handkerchief	**pañuelo**	*pa-niweh-loh*
hands	**manos**	*ma-nos*
happy	**feliz**	*feh-leeth*
hardware	**ferretería**	*fer-reh-teh-ree-a*
have (I have/possess)	**(yo) tengo**	*yoh ten-goh*
hat	**sombrero**	*som-breh-roh*
head	**cabeza**	*ca-beh-tha*
headache	**dolor de cabeza**	*doh-lor deh ca-beh-tha*
health centre	**centro de salud**	*then-troh deh sa-lood*
heavy	**pesado**	*peh-sa-doh*
hello	**hola / chau**	*oh-la / chau*
help	**socorro**	*soh-cor-roh*
help (to)	**ayudar**	*ah-yoo-dar*
help me please	**ayúdeme por favor**	*a-yoo-deh meh por fa-vor*
highway	**carretera**	*cahr-reh-teh-ra*
hips	**caderas**	*ca-deh-ras*
hills	**colinas**	*coh-lee-nas*
honey	**miel**	*mee-el*
horrible	**horrible**	*or-ree-bleh*
horses	**caballos**	*ca-ba-yos*
hospital	**hospital**	*os-pee-tal*
hostal	**hostal**	*oh-stal*
hot (food/water)	**caliente**	*ca-lee-en-teh*
hot (weather is hot)	**hace calor**	*ah-theh ca-lor*
hot (I am feeling)	**(yo) tengo calor**	*yoh ten-goh ca-lor*
hotel	**hotel**	*oh-tel*
house	**casa**	*ca-sa*
how	**como**	*coh-moh*
how do you say....?	**cómo se dice..**	*co-moh seh dee-theh*

how far is it?	**está lejos**	*eh-sta leh-khos*
how many	**cuantos**	*kwan-tos*
how much	**cuanto**	*kwahn-toh*
however	**sin embargo**	*seen em-bar-goh*
humid /wet	**húmedo**	*oo-meh-doh*
hundred	**cien / ciento**	*thee-en / thee-en-toh*
hungry (I am)	**(yo) tengo hambre**	*yo ten-goh am-breh*
hurt (I am)	**(yo) estoy lástimado**	*yoh es-toy la-stee-ma-do*
husband	**esposo**	*es-poh-soh*

I

I am a pilgrim	**soy peregrino**	*soy peh-reh-gree-noh*
I am from ...	**soy de ...**	*soy deh*
I am lost	**(yo) estoy perdido**	*yoh eh-stoy per-dee-doh*
I am sorry	**(yo) lo siento**	*loh-see-yen-toh*
I like	**me gusta**	*meh goo-sta*
I'm flying to ...	**(yo) voy a volar a...**	*yoh voy ah voh-lar ah ...*
ice cream	**helado**	*eh-la-doh*
information counter	**ventanilla de información**	*ven-ta-nee-ya deh een-for-ma-thee-on*
I only speak a little Spanish	**(yo) sólo hablo un poco de español**	*yoh soh-loh ah-bloh oon poh-coh deh eh-spa-niol*
internet cafe	**café internet**	*ca-feh een-ter-net*
iodine	**yodo**	*yoh-doh*

J

jacket/coat	**chaqueta**	*cha-keh-tah*
jam	**mermelada**	*mer-meh-la-da*
jersey / sweater	**jersey /suéter**	*kher-seh / sweh-ter*
jeweller	**joyería**	*khoh-yeh-ree-a*
Jewish	**judío/a**	*khoo-dee-oh/a*

K

ketchup	**ketchup**	*ket-chup*
kitchen	**cocina**	*coh-thee-na*
knees	**rodilla**	*roh-dee-ya*
knee (sore)	**rodilla dolido**	*roh-dee-ya doh-lee-do*
knife	**cuchillo**	*coo-chee-yoh*

L

lamb	**cordero**	*cor-deh-roh*
laptop	**computador portátil**	*com-poo-ta-dor por-ta-teel*
last month	**mes pasado**	*mes pa-sa-doh*
last week	**semana pasada**	*seh-ma-na pa-sa-da*
last year	**año pasado**	*ah-nioh pa-sa-doh*
late / afternoon	**tarde**	*tar-deh*
laundry (shop)	**lavandería**	*la-van-deh-ree-a*
leeks	**puerros**	*pwer-ros*
left (to the)	**a la izquierda**	*a la eeth-kee-er-da*
legs	**piernas**	*pee-er-nas*
lemon	**limón**	*lee-mon*
lentils	**lentejas**	*len-teh-khas*
less	**menos**	*meh-nos*
letter box	**buzón**	*boo-thon*
lettuce	**lechuga**	*leh-choo-ga*
like	**como**	*coh-moh*
lift	**ascensor**	*as-then-sor*
lightning	**relámpago**	*reh-lam-pa-goh*
lips	**labios**	*la-bee-os*
little	**poco**	*poh-coh*

liver	**hígado**	*ee-ga-doh*
living room	**sala**	*sa-la*
lobster	**langosta**	*lan-goh-sta*
loin	**lomo**	*loh-moh*
lost	**perdido**	*per-dee-doh*
lousy weather	**tiempo malo**	*tee-em-poh mah-loh*
luggage	**equipaje**	*eh-kee-pa-kheh*
lunch	**almuerzo**	*al-mwer-thoh*

M

mackerel	**caballa**	*ca-ba-ya*
main course	**segundo plato**	*seh-goon-doh pla-toh*
main dish	**plato principal**	*pla-toh preen-thee-pal*
main road	**calle mayor / principal**	*ca-yeh ma-yor / preen-thee-pal*
market	**mercado**	*mer-ca-doh*
mass	**misa**	*mee-sa*
matches	**fosforos / cerillas**	*fos-foh-ros / theh-ree-yas*
may I?	**puedo yo**	*pwe-doh-yoh*
meat	**carne**	*cahr-neh*
meatballs	**albóndigas**	*al-bon-dee-gas*
medication	**medicación**	*meh-dee-ca-thee-on*
medicine	**medicina**	*meh-dee-thee-na*
melon	**melón**	*meh-lon*
menu	**menú / carta**	*meh-noo / cahr-ta*
menu of the house	**menú de la casa**	*meh-noo deh la ca-sa*
menu of the day	**menú del día**	*meh-noo del dee-a*
mid-meal snack	**merienda**	*meh-ree-en-da*
minced meat	**carne picada**	*cahr-neh pee-ca-da*
mineral water	**agua mineral**	*ah-gwa mee-neh-ral*
misty	**está brumoso**	*eh-sta broo-moh-soh*
mixed platter	**platos combinados**	*pla-tos com-bee-na-dos*

mixed salad	**ensalada mixta**	*en-sa-la-da meex-ta*
molested (sexually)	**molestado sexualmente**	*moh-leh-sta-doh sex-sual-men-te*
monastery	**monasterio**	*moh-na-steh-ree-oh*
money	**dinero**	*dee-neh-roh*
month	**mes**	*mes*
monuments	**monumentos**	*moh-noo-men-tos*
more	**más**	*mas*
morning / tomorrow	**mañana**	*mah-nia-na*
mosque	**mezquita**	*meth-kee-ta*
mountain	**montaña**	*mon-ta-nia*
mouth	**boca**	*boh-ca*
Mr / Sir	**señor**	*seh-nior*
Mrs / Ma'am	**señora**	*seh-nioh-ra*
Miss	**señorita**	*seh-nio-ree-ta*
mud	**barro**	*bar-roh*
muddy	**fangoso**	*fan-goh-soh*
mugged	**asaltado**	*ah-sal-ta-doh*
museum	**museo**	*moo-seh-oh*
mushrooms	**setas**	*seh-tas*
Muslim	**musulmán/a**	*moo-sool-mahn /-ma-na*
mussels	**mejillones**	*meh-khee-yoh-nes*
mustard	**mostaza**	*mos-ta-tha*

N

name	**nombre**	*nom-breh*
name / call (to)	**llamar**	*ya-mar*
my name is	**yo me llamo / mi nombre es**	*meh ya-moh / mee nom-breh es*
name (what is your?)	**qué es su nombre**	*keh es soo nom-breh*
napkin	**servilleta**	*ser-vee-yeh-ta*
need / want (to)	**necesitar**	*neh-theh-see-tar*

need (I)	**(yo) necesito**	*yoh neh-theh-see-toh*
neck	**cuello**	*kweh-yoh*
next week	**semana próxima**	*seh-ma-na prok-see-ma*
nice /pretty	**bonito**	*boh-nee-toh*
night time	**por la noche**	*por la noh-cheh*
nights	**noches**	*noh-ches*
no	**no**	*noh*
no entry	**prohibido el paso**	*proh-ee-bee-doh el pa-soh*
nose	**nariz**	*na-reeth*
notes (money) / tickets	**billetes**	*bee-yeh-tes*
no thank you	**no gracias**	*noh gra-thee-as*
nurse	**enfermero**	*en-fer-meh-roh*
nuts	**nueces**	*nweh-thes*

O

octopus	**pulpo**	*pool-poh*
oil	**aceite**	*ah-theh-ee-teh*
olives	**aceitunas**	*a-theh-ee-too-nas*
omelette	**omelette**	*tor-tee-ya*
one /a/an	**uno/un /una**	*oonoh/oon/oona*
onions	**cebollas**	*theh-boh-yas*
open (to)	**abrir**	*ah-breer*
open	**abierto**	*ah-bee-er-toh*
opening time	**hora de apertura**	*oh-ra deh ah-per-too-ra*
optician	**óptico / oculista**	*op-tee-coh / oh-ku-lis-ta*
or	**o**	*awe /oh*
orange	**naranja**	*na-ran-kha*
overseas	**al extranjero**	*al eks-tran-kheh-roh*
oxtail	**rabo de buey**	*ra-boh deh bweh*
oysters	**ostras**	*oh-stras*

P

packet/parcel	**paquete**	*pa-keh-teh*
Padron peppers	**pimientos de padrón**	*pee-mee-en-tos deh pa-dron*
pain	**dolor**	*doh-lor*
painful	**doloroso**	*doh-loh-roh-soh*
pain here	**dolor aquí**	*doh-lor ah-kee*
pancake	**panqueque**	*pan-keh-keh*
panties	**bragas**	*bra-gahs*
pants	**pantalones**	*pan-ta-loh-nes*
park	**parque**	*par-keh*
passport	**pasaporte**	*pa-sa-por-teh*
pastry	**pasteles**	*pas-teh-les*
path	**camino**	*ca-mee-noh*
pay (to)	**pagar**	*pa-gar*
peach	**melocotón**	*meh-loh-koh-ton*
peanuts	**maní**	*ma-nee*
pears	**pera**	*peh-ra*
peas	**guisantes**	*gee-san-tes*
pegs (clothing)	**pinchos / pinzas para la ropa mojada**	*peen-chos / peen-thas pa-ra la roh-pa mo-gha-da*
pension	**pensión**	*pen-see-on*
pepper	**pimienta**	*pee-mee-en-ta*
perhaps	**quizás**	*kee-thas*
pervert	**pervertido**	*per-ver-tee-doh*
pharmacy	**farmacia**	*far-ma-thee-a*
phone (SIM) card	**tarjeta SIM**	*tar-kheh-ta seem*
phone number	**número de teléfono**	*noo-meh-roh deh teh-leh-foh-noh*
photographs	**fotos /fotografías**	*foh-tos/foh-toh-grafee-as*
pickled	**escabechado**	*es-ca-be-cha-do*
pie (meat/fish)	**empanada**	*em-pa-na-da*

pilgrim	**peregrino /a**	*peh-reh-gree-noh /a*
pilgrim's office	**oficina de peregrinos**	*oh-fee-thee-na deh peh-reh-gree-nos*
pilgrim passport	**credencial**	*creh-den-thee-al*
pillow	**almohada**	*al-moh-ah-da*
pineapple	**piña**	*pee-nia*
plasters (heal cuts)	**tiritas / curitas**	*tee-ree-tas / coo-ree-tas*
plates	**platos**	*pla-tos*
platform (bus /train)	**andén / andenes**	*an-den / an-deh-nes*
please	**por favor**	*por-fa-vor*
pleasure (with)	**de nada**	*deh na-da*
poisoning	**envenenamiento**	*en-veh-neh-na-mee-en-toh*
police	**policía**	*poh-lee-thee-a*
poncho	**poncho**	*pon-choh*
pork	**cerdo**	*ther-doh*
pork sausage (spicy)	**chorizo / salchicha**	*choh-ree-thoh / sal-chee-cha*
post (to)	**enviar por correo**	*en-vee-ar por cor-reh-oh*
post card	**postal**	*pos-ta-les*
post office	**correo**	*cor-reh-oh*
post restante	**lista de correos**	*lee-sta deh cor-reh-os*
postman	**cartero**	*cahr-teh-roh*
potatoes	**patatas / papas**	*pa-ta-tas / pa-pas*
pots and pans	**cacerolas**	*ca-the-ro-las*
prawns	**gambas**	*gam-bas*
preservatives	**conservantes**	*con-ser-van-tes*
private property	**propiedad privada**	*proh-pee-eh-dad pree-va-da*
private road	**camino particular**	*ca-mee-noh par-tee-coo-lar*
private hunting area	**coto privado de caza**	*coh-toh pree-va-doh deh ca-tha*
profession	**profesión**	*proh-feh-see-on*
pudding/dessert	**postre**	*pos-treh*
purse /bag /packet	**bolso**	*bol-soh*

Q

quad room	**habitación con cuatro camas**	*ah-bee-ta-thee-on / con kwa-troh ca-mas*
queue	**cola**	*coh-lah*
quick	**rápido**	*ra-pee-doh*
quince	**membrillo**	*mem-bree-yoh*

R

rabbit	**conejo**	*co-neh-khoh*
raincoat	**impermeable**	*em-per-meh-ah-bleh*
raining	**lloviendo**	*yoh-vee-en-doh*
rash	**irritación**	*eer-ree-ta-thee-on*
raspberry	**frambuesas**	*fram-bweh-sas*
recharge (to)	**recargar**	*reh-cahr-gar*
red wine	**vino tinto**	*vee-noh teen-toh*
rest (to)	**descansar**	*des-can-sar*
restaurant	**restaurante**	*res-tau-rahn-teh*
return ticket	**de ida y vuelta**	*deh ee-da ee vwehl-ta*
rice	**arroz**	*ar-roth*
rice pudding	**arroz con leche**	*ar-roth con leh-cheh*
right (to the)	**a la derecha**	*ah lah deh-reh-cha*
river	**río**	*ree-oh*
roast beef	**carne asada**	*cahr-neh ah-sa-da*
roast chicken	**asado de pollo**	*ah-sa-doh deh poh-yoh*
roast lamb	**asado de cordero**	*ah-sa-doh deh cor-deh-roh*
robbed / stolen	**robado**	*roh-ba-doh*
rocks	**rocas**	*roh-cas*
rocky	**rocoso**	*roh-koh-soh*
roundabout	**rotunda**	*roh-toon-da*
rubbish bin	**cubo de basura**	*coo-boh deh ba-soo-ra*

ruins	**ruinas**	*roo-ee-nas*
rural house	**casa rural**	*ca-sa roo-ral*

S

salads	**ensalada**	*en-sa-la-da*
salt	**sal**	*sal*
sandals	**sandalias**	*san-da-lee-as*
sandwich	**bocadillo**	*boh-ca-dee-yoh*
Santiago tart	**tarta de Santiago**	*tar-ta deh sant-ee-ah-goh*
sardines	**sardinas**	*sar-dee-nas*
sausage	**salchicha**	*sal-chee-cha*
scampi = coated in batter, breadcrumbs	**gambas rebozadas**	*gam-bas reh-boh-tha-das*
scrambled eggs	**huevos revueltos**	*weh-vos reh-vwel-tos*
scarf	**bufanda**	*boo-fahn-dah*
seafood	**mariscos**	*ma-rees-cos*
second	**segunda**	*seh-goon-da*
service	**servicio**	*ser-vee-thee-oh*
serviette	**servilleta**	*ser-vee-yeh-ta*
shampoo	**champú**	*cham-poo*
shared bathroom	**baño compartido**	*ba-nioh com-par-tee-doh*
shell	**concha**	*con-cha*
shirt	**camisa**	*ca-mee-sah*
shoes	**zapatos**	*tha-pa-tos*
shop	**tienda**	*tee-en-da*
shopping	**compras**	*com-pras*
short/long	**corto / largo**	*cor-toh / lar-goh*
shoulders	**hombros**	*om-bros*
shower	**ducha**	*doo-cha*
sightseeing	**turismo**	*too-rees-moh*
signature	**firma**	*feer-ma*

English	Spanish	Pronunciation
single room	**habitación individual**	*ah-bee-ta-thee-on een-dee-vee-doo-al*
sister	**hermana**	*er-ma-na*
sit down-take a seat	**sentarse**	*sen-tar-seh*
skewer	**pinchos**	*peen-chos*
sleeping bag	**bolsa de dormir**	*bol-sa deh dor-meer*
slices	**rajas**	*ra-ghas*
slops /flip flops	**chancletas**	*chan-cleh-tas*
slowly	**despacio**	*des-pa-thee-oh*
smoke (to)	**fumar**	*foo-mar*
snowing (it is)	**hay nieve**	*aye nee-eh-veh*
soap	**jabón**	*kha-bon*
socks	**calcetines**	*cal-the-tee-nes*
socks/stockings	**medias**	*meh-dee-as*
sole (fish)	**lenguado**	*len-gwa-doh*
sometimes	**a veces**	*ah veh-thes*
sore throat	**dolor de garganta**	*doh-lor deh gar-gan-ta*
soup	**sopa**	*soh-pa*
souvenirs	**recuerdos**	*reh-kwer-dos*
spaghetti / pasta	**espaguetis /pasta**	*eh-spa-geh-tees / pa-sta*
speak (to)	**hablar**	*ab-lar*
speak (I)	**(yo) hablo**	*yoh ab-loh*
speak slowly please	**hable más despacio**	*ab-leh mas des-pa-thee-oh*
spiritual	**espiritual**	*es-pee-ree-too-al*
spoon	**cuchara**	*coo-cha-ra*
sprain	**torcedura**	*tor-the-doo-ra*
spring (season)	**primavera**	*pree-ma-veh-ra*
square	**plaza**	*pla-tha*
squid	**calamar**	*ca-la-mar*
stamps	**sellos**	*seh-yos*
start (to)	**empezar**	*em-peh-thar*
started (I)	**(yo) empecé**	*(yoh) em-peh-theh*
starter	**primer plato**	*pree-mer pla-toh*

English	Spanish	Pronunciation
starting date	**fecha de partida**	*feh-cha deh par-tee-da*
station	**estación**	*es-ta-thee-on*
stationery shop	**tienda de papelería**	*tee-en-da deh pa-peh-leh-ree-a*
statue	**estatua**	*eh-sta-too-a*
steak	**filete**	*fee-le-teh*
steep (very)	**(muy) escarpado**	*(mwee) es-cahr-pa-doh*
stew	**cocido**	*co-thee-doh*
still (water)	**agua sin gas**	*ah-gwa seen gahs*
stole (steal) /robbed	**robado**	*roh-ba-doh*
stomach	**estómago**	*es-toh-ma-goh*
stones	**piedras**	*pee-eh-dras*
store	**tienda**	*tee-en-da*
storks	**cigüeñas**	*thee-gweh-nias*
storm	**tormenta**	*tor-men-ta*
stove	**cocina**	*coh-thee-na*
straight ahead	**todo derecho**	*toh-doh deh-reh-choh*
strawberries	**fresas**	*freh-sas*
street /road	**calle**	*ca-yeh*
stomach (upset)	**me duele el estómago**	*meh dweh-leh el es-toh-ma-goh*
strong	**fuerte**	*fwer-teh*
stuffed	**relleno**	*reh-yeh-noh*
suckling pig	**cochinillo**	*coh-chee-nee-yoh*
suitcase	**maleta**	*ma-leh-ta*
summer	**verano**	*veh-ra-noh*
sunny	**hace sol**	*ah-theh sol*
sunscreen	**protector solar**	*proh-tec-tor soh-lar*
sunstroke	**insolación**	*een-soh-la-thee-on*
supermarket	**supermercado**	*soo-per mer-ca-doh*
surname	**apellido**	*apeh-yee-doh*
swimming pool	**piscina**	*pees-thee-na*
swimsuit	**traje de baño**	*tra-kheh-deh-ba-nioh*
swollen	**hinchado**	*een-cha-doh*

T

table	**mesa**	*me-sah*
tablecloth	**mantel**	*man-tel*
tapas	**tapas**	*ta-pas*
tavern	**taberna**	*ta-ber-na*
taxi	**taxi**	*tak-see*
tea	**té**	*teh*
teaspoon	**cucharadita**	*coo-cha-ra-dee-ta*
teeth	**dientes**	*dee-en-tes*
telephone	**teléfono**	*teh-leh-foh-noh*
tell/speak (to)	**decir**	*deh-theer*
tell me/speak to me	**dime/dígame**	*dee-meh / dee-ga-meh*
temperature	**fiebre**	*fee-eh-breh*
terminal	**terminal**	*ter-mee-nal*
thank you	**muchas gracias**	*moo-chas gra-thee-as*
theatre	**teatro**	*teh-a-troh*
therefore	**por eso**	*por esoh*
thief	**ladrón**	*la-dron*
thighs	**muslos**	*moos-los*
third	**tercera**	*ter-theh-ra*
thirsty	**(yo) tengo sed**	*yoh ten-goh sed*
this afternoon	**esta tarde**	*eh-sta tar-deh*
throat	**garganta**	*gar-gan-ta*
ticket (money-note)	**billete**	*bee-yeh-teh*
time	**tiempo**	*tee-em-poh*
timetable	**horario**	*oh-ra-ree-oh*
tired (I am)	**estoy cansado**	*estoy can-sa-doh*
to	**a**	*ah*
too (much)	**demasiado**	*deh-ma-see-ah-doh*
tobacconist	**tabaquería / estanco**	*ta-ba- keh-ree-a / eh-stan-co*

today	**hoy**	*oy*
toes	**dedos de los pies**	*deh-dos deh los pee-es*
toilet	**retretes / aseos / servicios**	*re-tre-tes / ah-seh-os / ser-vee-thee-cos*
toilet paper	**papel higiénico**	*pa-pel ee-khee-eh-nee-coh*
tomatoes	**tomates**	*toh-ma-tes*
tomato sauce	**ketchup**	*ket-chup*
tomb	**tumba**	*toom-ba*
tomorrow / morning	**mañana**	*ma-nia-na*
tongue	**lengua**	*len-gwa*
toothache	**dolor de dientes**	*doh-lor deh dee-en-tes*
toothbrush	**cepillo de dientes**	*the-pee-yoh deh dee-en-tes*
toothpaste	**pasta de dientes**	*pa-sta deh dee-en-tes*
torch	**linterna**	*leen-ter-na*
tourist office	**oficina de turismo**	*oh-fee-thee-na deh too-rees-moh*
towel	**toalla**	*toh-a-ya*
town	**pueblo /ciudad**	*pweh-bloh / thee-u-dad*
town hall	**ayuntamiento**	*ah-yoon-ta-mee-en-toh*
train station	**estación de tren**	*esta-thee-on deh tren*
trees	**árboles**	*ar-boh-les*
triple room	**habitación con tres camas**	*ah-bee-ta-thee-on con tres ca-mas*
trousers	**pantalón**	*pan-ta-lon*
trout	**trucha**	*troo-cha*
t-shirt	**camiseta**	*ca-mee-seh-ta*
tuna	**atún**	*ah-toon*
turkey	**pavo**	*pa-voh*
twin room	**habitación con dos camas**	*ah-bee-ta-thee-on con dos ca-mas*

U

ugly	**feo**	*feh-oh*
underground/metro	**metro**	*meh-troh*
underpants	**calzoncillos**	*cal-thon-thee-os*
understand (to)	**entender**	*en-ten-der*
understand (I)	**(yo) entiendo**	*yoh en-tee-en-doh*
(I do not) understand	**(yo) no lo entiendo**	*yoh noh loh en-tee-en-doh*
until (tomorrow, later, soon)	**hasta (mañana, luego, pronto)**	*asta ma-nia-na, lweh-goh, pron-toh*
uphill	**subida**	*soo-bee-da*
upset	**agitado**	*ah-ghee-ta-doh*

V

vaccination	**vacunación**	*va-coo-na-thee-on*
veal	**ternera**	*ter-neh-ra*
vegetables	**verduras**	*ver-doo-ras*
vegetarian	**vegetariano**	*veh-kheh-tah-ree-ah-noh*
village	**pueblo / aldea**	*pweh-bloh / al-deh-a*
vinegar	**vinagre**	*vee-na-greh*
vineyards	**viñedos**	*vee-nieh-dos*
visa	**visa**	*vee-sa*
vomited (I have)	**(yo) he vomitado**	*yoh eh voh-mee-ta-doh*

W

waiter/ress	**camarero/a**	*ca-ma-reh-roh /ra*
waiting room	**sala de espera**	*sa-la deh es-peh-ra*
walk (to)	**caminar**	*ca-mee-nar*
walking	**caminando / a pie**	*ca-mee-nan-doh / a pee-eh*
walking stick	**bastón**	*bas-ton*

wallet (for notes)	**billetero**	*bee-yeh-te-roh*
wallet (for coins and notes)	**monedero**	*mo-ne-deh-roh*
walls	**murallas**	*moo-ra-yas*
wash line	**tendedero**	*ten-deh-deh-roh*
wash (to)	**lavar**	*la-var*
washing machine	**lavadora**	*la-va-doh-ra*
water	**agua**	*ah-gwa*
weak (drink)	**flojo**	*floh-khoh*
weak (person)	**débil**	*deh-beel*
weather	**tiempo**	*tee-em-poh*
week	**semana**	*seh-ma-na*
wet / humid	**húmedo**	*oo-meh-doh*
what?	**qué**	*keh*
what's the matter?	**qué le pasa**	*keh leh pa-sa*
what time is it?	**qué hora es**	*keh ora es*
wheat	**trigo**	*tree-goh*
wheat fields	**campos de trigo**	*cam-pos deh tree-goh*
when?	**cuándo**	*kwahn-doh*
where?	**dónde**	*don-deh*
where is/are?	**dónde está/están**	*don-deh eh-sta /eh-stan*
where to?	**a dónde**	*a don-deh*
which ?	**cuál**	*kwahl*
which terminal?	**qué terminal**	*keh ter-mee-nal*
white wine	**vino blanco**	*vee-noh blan-coh*
who ?	**quién**	*kee-en*
why ?	**por qué**	*por-keh*
wife	**esposa**	*eh-spoh-sa*
Wi-Fi	**Wi-Fi**	*wee-fee*
windy	**hace viento**	*ah-theh vee-en-toh*
window	**ventana**	*ven-ta-na*
wine	**vino**	*vee-noh*
wine cellar	**bodega**	*boh-deh-ga*

winter	**invierno**	*een-vee-er-noh*
with gas	**con gas**	*con gahs*
with pleasure	**con placer**	*con pla-ther*
withdraw (money)	**retirar dinero**	*re-tee-rar dee-ne-roh*
wonderful	**maravilloso**	*ma-ra-vee-yoh-soh*
wrists	**muñecas**	*moo-ni-eh-cas*
write (to)	**escribir**	*es-cree-beer*

Y

yellow arrows	**flechas amarillas**	*fleh-chas ah-ma-ree-yas*
yesterday	**ayer**	*ah-yer*
yoghurt	**yogur**	*yoh-gur*
you (polite)	**usted, ustedes**	*oo-sted, oo-steh-des*
you're welcome	**de nada**	*deh na-da*

Appendix 5

NUMBERS

1	**uno**	*oo-noh*
2	**dos**	*dos*
3	**tres**	*tres*
4	**cuatro**	*kwat-roh*
5	**cinco**	*theen-coh*
6	**séis**	*seh-ees*
7	**siete**	*see-eh-teh*
8	**ocho**	*oh-choh*
9	**nueve**	*nweh-veh*
10	**diez**	*dee-eth*
11	**once**	*on-theh*
12	**doce**	*doh-theh*
13	**trece**	*treh-theh*
14	**catorce**	*ca-tor-theh*
15	**quince**	*keen-theh*
16	**dieciséis**	*dee-eth-ee-seh-ees*
17	**diecisiete**	*dee-eth-ee-see-eh-teh*
18	**dieciocho**	*dee-eth-ee-oh-choh*
19	**diecinueve**	*dee-eth-ee-nweh-veh*
20	**veinte**	*veh-een-teh*
21	**veintiúno**	*veh-een-tee-oo-noh*
22	**veintidós**	*veh-een-tee-dos*
23	**veintitrés**	*veh-een-tee-tres*
24	**veinticuatro**	*veh-een-tee-kwat-roh*
25	**veinticinco**	*veh-een-tee-theen-coh*
26	**veintiséis**	*veh-een-tee-seh-ees*
27	**veintisiete**	*veh-een-tee-see-eh-teh*
28	**veintiocho**	*veh-een-tee-oh-choh*
29	**veintinueve**	*veh-een-tee-nweh-veh*

30	**treinta**	*tren-ta*
40	**cuarenta**	*kwa-ren-ta*
50	**cincuenta**	*theen-kwen-ta*
60	**sesenta**	*seh-sen-ta*
70	**setenta**	*seh-ten-ta*
80	**ochenta**	*oh-chen-ta*
90	**noventa**	*noh-ven-ta*
100	**cien**	*thee-en*
101	**ciento y uno**	*thee-en-toh ee oo-no*
122	**ciento veinte y dos**	*thee-en-toh veh-een-teh ee dos*
200	**doscientos**	*dos-thee-en-tos*
300	**trescientos**	*tres-thee-en-tos*
400	**cuatrocientos**	*kwat-roh-thee-en-tos*
500	**quinientos**	*kee-nee-en-tos*
600	**séiscientos**	*seh-ees-thee-en-tos*
700	**setecientos**	*seh-teh-thee-en-tos*
800	**ochocientos**	*oh-choh-thee-en-tos*
900	**novecientos**	*noh-veh-thee-en-tos*
1,000	**mil**	*meel*
2,000	**dos miles**	*dos meel-es*
2,345	**dos miles trescientos cuarenta y cinco**	*dos meel-es tres-thee-en-tos kwa-ren-ta ee thhen-coh*
1,000,000	**un millón**	*oon meel-yon*

Appendix 6

HOURS, DAYS and MONTHS

Time

When there may be avoid confusion between before noon time and after noon times use the 24 hour clock.

What time is it?	¿Qúe hora es?	keh ora es
one o'clock	es la una	es la oo-na
two o'clock	son las dos	sohn las dos
three o'clock	son las trés	sohn las tres
ten past one	es la una y diez	es la oo-na ee dee-eth
five minutes to two	son las dos menos cinco	sohn las dos meh-nos theen-coh
three forty five	son las trés y cuarenta y cinco	sohn las tres ee kwa-ren-ta ee theen-coh
a quarter to four	son las cuatro menos cuarto	sohn las kwat-roh meh-nos kwar-toh
half past five	son las cinco y media	sohn las then-coh ee meh-dee-ah
eight o'clock (in the evening)	son las veinte	sohn las veh-een-teh
mid-day	mediodía	meh-dee-oh-dee-ah
mid-night	medionoche	meh-dee-oh-noh-cheh

Days of the week

Monday	el lunes	lu-nes
Tuesday	el martes	mar-tes
Wednesday	el miércoles	mee-er-coh-les
Thursday	el jueves	khweh-ves

Friday	**el viernes**	*vee-er-nes*
Saturday	**el sábado**	*sa-ba-doh*
Sunday	**el domingo**	*doh-meen-goh*

Months of the year

January	**enero**	*eh-neh-roh*
February	**febrero**	*feh-breh-roh*
March	**marzo**	*mar-thoh*
April	**abril**	*ah-breel*
May	**mayo**	*ma-yoh*
June	**junio**	*khu-nioh*
July	**julio**	*khu-lee-oh*
August	**agosto**	*ah-gos-toh*
September	**septiembre**	*sep-tee-em-breh*
October	**octubre**	*oc-too-breh*
November	**noviembre**	*noh-vee-em-breh*
December	**diciembre**	*dee-thee-em-breh*

Printed in the USA
CPSIA information can be obtained
at www.ICGtesting.com
LVHW020606031024
792706LV00021B/1292